Vom Konflikt zur Gemeinschaft

Vom Konflikt zur Gemeinschaft

Gemeinsames lutherisch-katholisches Reformationsgedenken im Jahr 2017

Bericht der Lutherisch / Römisch-katholischen Kommission für die Einheit

EVANGELISCHE VERLAGSANSTALT
Leipzig

BONIFATIUS

Verantwortlich für die deutsche Übersetzung
sind Theodor Dieter und Wolfgang Thönissen

Bibliographische Information der Deutschen Nationalbibliothek
Die Deutsche Nationalbibliothek verzeichnet diese Publikation in der
Deutschen Nationalbibliographie; detaillierte bibliographische Daten
sind im Internet über http://dnb.dnb.de abrufbar.

2. Auflage 2013
© 2013 by Evangelische Verlagsanstalt GmbH · Leipzig
und Bonifatius GmbH Druck – Buch – Verlag Paderborn
Printed in Germany · H 7659

Das Werk einschließlich aller seiner Teile ist urheberrechtlich geschützt.
Jede Verwertung außerhalb der Grenzen des Urheberrechtsgesetzes ist
ohne Zustimmung des Verlags unzulässig und strafbar.

Das Buch wurde auf FSC-zertifiziertem Papier gedruckt.

Cover: Kai-Michael Gustmann, Leipzig
Layout und Satz: Steffi Glauche, Leipzig
Druck und Binden: Druckhaus Köthen GmbH & Co. KG

ISBN 978-3-374-03418-5   ISBN 978-3-89710-549-2
www.eva-leipzig.de   www.bonifatius.de

Inhalt

Vorwort 9
Einleitung (1-3) 11

Kapitel I
**Reformationsgedenken
im Zeitalter von Ökumene und Globalisierung** (4-15) 13

Der Charakter des Gedenkens in der Vergangenheit 13
Das erste ökumenische Gedenken 14
Gedenken in einem neuen globalen und säkularen Kontext 15
Neue Herausforderungen für das Gedenken im Jahr 2017 16

Kapitel II
**Martin Luther und die Reformation –
neue Perspektiven** (16-34) 18

Beiträge der Mittelalterforschung 19
Katholische Lutherforschung im 20. Jahrhundert 20
Ökumenische Projekte auf dem Weg zum Konsens 21
Katholische Entwicklungen 22
Evangelische Entwicklungen 24
Die Bedeutung der ökumenischen Dialoge 24

Kapitel III
**Eine historische Skizze der lutherischen Reformation
und der katholischen Antwort** (35-90) 26

Was meint »Reformation«? 26
Auslöser der Reformation: Die Kontroverse um den Ablass 28
Der Prozess gegen Luther 29
Fehlgeschlagene Begegnungen 30
Die Verurteilung Martin Luthers 31
Die Autorität der Schrift 32
Luther in Worms 32
Die Anfänge der reformatorischen Bewegung 33

Die Notwendigkeit einer Aufsicht 34
Die Heilige Schrift zu den Menschen bringen 35
Katechismen und Lieder 35
Pfarrer für die Gemeinden 36
Theologische Versuche zur Überwindung des Konflikts 36
Der Religionskrieg und der Friede von Augsburg 38
Das Konzil von Trient 39
Das Zweite Vatikanische Konzil 43

Kapitel IV
**Hauptthemen der Theologie Martin Luthers
im Licht der lutherisch/römisch-katholischen
Dialoge (91–218)** 45

Die Struktur des IV. Kapitels...................................... 46
Martin Luthers mittelalterliches Erbe 47
Monastische und mystische Theologie............................... 47

Rechtfertigung 48
   Luthers Verständnis der Rechtfertigung 48
   Katholische Anliegen im Blick auf die Rechtfertigung 54
   Lutherisch-katholischer Dialog über die Rechtfertigung.......... 55
Eucharistie 60
   Luthers Verständnis des Herrenmahls 60
   Katholische Anliegen im Blick auf die Eucharistie 63
   Lutherisch-katholischer Dialog über die Eucharistie............. 64
Amt 67
   Luthers Verständnis des allgemeinen Priestertums der Getauften
   und des ordinationsgebundenen Amtes 67
   Katholische Anliegen im Blick auf das allgemeine Priestertum,
   das Priestertum des Dienstes und das Bischofsamt................ 72
   Lutherisch-katholischer Dialog über das Amt 72
Schrift und Tradition 79
   Luthers Verständnis der Schrift und ihrer Auslegung und
   von menschlichen Traditionen 79
   Katholische Anliegen hinsichtlich Schrift, Tradition und Autorität.... 82
   Der katholisch-lutherische Dialog über Schrift und Tradition 83

Der Blick nach vorn: Das Evangelium und die Kirche 85
In Richtung Konsens 87

KAPITEL V
ZUM GEMEINSAMEN GEDENKEN AUFGERUFEN (219–237). 88

Die Taufe: Die Grundlage für Einheit und gemeinsames Gedenken 88
Das Gedenken vorbereiten 89
Gemeinsame Freude am Evangelium 89
Gründe für Bedauern und Klage 90
Die Vergangenheit beurteilen 91
Katholisches Bekenntnis von Sünden gegen die Einheit 92
Lutherisches Bekenntnis von Sünden gegen die Einheit 93

KAPITEL VI
FÜNF ÖKUMENISCHE IMPERATIVE (238–245). 95

ANHANG

Abkürzungen 98
Dokumente der Lutherisch/Römisch-katholischen
Kommission für die Einheit 100
Lutherisch/Römisch-katholische Kommission für die Einheit 101

Vorwort

Es war das Ringen um Gott, das Martin Luthers ganzes Leben bestimmte und bewegte. Die Frage »Wie kriege ich einen gnädigen Gott?« war die Frage, die ihn umtrieb. Er fand den gnädigen Gott im Evangelium von Jesus Christus. »Wahre Theologie und Gotteserkenntnis sind im gekreuzigten Christus.« (Heidelberger Disputation)

Wenn im Jahr 2017 katholische und evangelische Christen auf die Ereignisse vor 500 Jahren zurückblicken, dann tun sie das am angemessensten, wenn sie dabei das Evangelium von Jesus Christus in den Mittelpunkt stellen. Das Evangelium soll gefeiert und an die Menschen unserer Zeit weitergegeben werden, damit die Welt glaube, dass Gott sich uns Menschen schenkt und uns in die Gemeinschaft mit sich und seiner Kirche ruft. Das ist der Grund für unsere Freude im gemeinsamen Glauben.

Zu dieser Freude gehört auch ein unterscheidender, selbstkritischer Blick auf uns selbst, auf unsere Geschichte wie auf unsere Gegenwart. Wir Christen sind dem Evangelium gewiss nicht immer treu gewesen; allzu oft haben wir uns an die Denkweisen und Verhaltensmuster der umgebenden Welt angepasst. Immer wieder sind wir der Frohen Botschaft von der Gnade Gottes im Weg gestanden.

Als Einzelne wie als Gemeinschaft der Glaubenden bedürfen wir immer wieder der Umkehr und der Reform – ermutigt und geleitet vom Heiligen Geist. »Als unser Herr und Meister Jesus Christus sagte: ›Tut Buße‹, wollte er, dass das ganze Leben der Glaubenden Buße sei.« So lautet die erste von Luthers 95 Thesen im Jahr 1517, die die Bewegung der Reformation ausgelöst haben.

Auch wenn diese These heute alles andere als selbstverständlich ist, möchten wir evangelische und katholische Christen sie ernstnehmen, indem wir unseren kritischen Blick zuerst auf uns selbst richten und nicht auf die anderen. Als Leitlinie dient uns dabei die Rechtfertigungslehre, die die Botschaft des Evangeliums zum Ausdruck bringt und deshalb »die gesamte Lehre und Praxis der Kirche unablässig auf Christus hin orientieren will« (Gemeinsame Erklärung zur Rechtfertigungslehre).

Die wahre Einheit der Kirche kann nur Einheit in der Wahrheit des Evangeliums von Jesus Christus sein. Die Tatsache, dass das Ringen um diese Wahrheit im 16. Jahrhundert zum Verlust der Einheit der westlichen Christenheit führte, gehört zu den dunklen Seiten der Kirchengeschichte. Im Jahr

2017 werden wir offen bekennen müssen, dass wir vor Christus schuldig geworden sind, indem wir die Einheit der Kirche beschädigt haben. Dieses Gedenkjahr stellt uns vor zwei Herausforderungen: Reinigung und Heilung der Erinnerungen und Wiederherstellung der christlichen Einheit in Übereinstimmung mit der Wahrheit des Evangeliums von Jesus Christus (Eph 4,4–6).

Der folgende Text beschreibt einen Weg »vom Konflikt zur Gemeinschaft« – einen Weg, auf dem wir das Ziel noch nicht erreicht haben. Gleichwohl hat die Kommission für die Einheit das Wort von Papst Johannes XXIII. ernst genommen: »Das, was uns verbindet, ist größer als das, was uns trennt.«

Wir laden alle Christen ein, den Bericht unserer Kommission unvoreingenommen und kritisch zu lesen und mit uns den Weg zu einer tieferen Gemeinschaft aller Christen zu gehen.

Karlheinz Diez   Eero Huovinen
Weihbischof in Fulda   Bischof em. von Helsinki
(Kommissarischer katholischer Vorsitzender)   (Lutherischer Vorsitzender)

Einleitung

1. Im Jahr 2017 werden evangelische und katholische Christen gemeinsam des Beginns der Reformation vor 500 Jahren gedenken. Lutheraner und Katholiken erfreuen sich heute eines wachsenden Verständnisses füreinander, intensiverer Zusammenarbeit und größeren gegenseitigen Respekts. Sie sind zu der Erkenntnis gelangt, dass es mehr gibt, das sie eint, als das sie trennt: Über allem steht der gemeinsame Glaube an den dreieinigen Gott und seine Offenbarung in Jesus Christus wie auch die Anerkennung der Grundwahrheiten der Rechtfertigungslehre.
2. Bereits der 450. Jahrestag des Augsburger Bekenntnisses im Jahr 1980 bot Lutheranern und Katholiken die Möglichkeit, ein gemeinsames Verständnis der grundlegenden Glaubenswahrheiten zu entwickeln, indem sie auf Jesus Christus als den lebendigen Mittelpunkt unseres christlichen Glaubens hingewiesen haben.[1] Anlässlich des 500. Geburtstags Martin Luthers im Jahr 1983 bekräftigte der internationale römisch-katholisch/lutherische Dialog gemeinsam mehrere Grundanliegen Luthers. Der Kommissionsbericht bezeichnete ihn als »Zeuge[n] Jesu Christi« und erklärte, dass »weder die evangelische noch die katholische Christenheit an der Gestalt und der Botschaft dieses Menschen vorbeigehen kann«[2].
3. Das bevorstehende Jahr 2017 fordert Katholiken und Lutheraner dazu heraus, die Themen und Konsequenzen der Wittenberger Reformation, die ihren Mittelpunkt in der Person und dem Denken Martin Luthers hatte, im Dialog zu erörtern und Perspektiven für das Gedenken und die Aneignung der Reformation heute zu entwickeln. Luthers reformatorisches Programm stellt auch für heutige Katholiken und Lutheraner eine geistliche und theologische Herausforderung dar.

---

[1] Alle unter einem Christus. Stellungnahme der Gemeinsamen Römisch-katholischen/Evangelisch-lutherischen Kommission zum Augsburgischen Bekenntnis 1980, in: DWÜ, 323–328. Ein Abkürzungsverzeichnis findet sich am Ende dieses Buches.
[2] Martin Luther – Zeuge Jesu Christi. Wort der Gemeinsamen Römisch-katholischen/Evangelisch-lutherischen Kommission anlässlich des 500. Geburtstages Martin Luthers, 1983, in: DWÜ II, 444–451.

Kapitel I

Reformationsgedenken im Zeitalter von Ökumene und Globalisierung

4. Jedes Gedenken hat seinen eigenen Kontext. Der heutige Kontext enthält drei vorrangige Herausforderungen, die sowohl Chancen bieten als auch Verpflichtungen bedeuten: (1) Es ist das erste Reformationsgedenken, das im Zeitalter der Ökumene stattfindet. So bietet das gemeinsame Gedenken die Gelegenheit, die Gemeinschaft zwischen Katholiken und Lutheranern zu vertiefen. (2) Es ist das erste Reformationsgedenken im Zeitalter der Globalisierung. Darum muss das gemeinsame Gedenken die Erfahrungen und Perspektiven der Christen aus dem Süden und Norden, aus dem Osten und Westen einbeziehen. (3) Es ist das erste Reformationsgedenken, das sich mit der Notwendigkeit einer neuen Evangelisierung befassen muss in einer Zeit, die durch eine wachsende Zahl neuer religiöser Bewegungen und zugleich durch die Zunahme der Säkularisierung an vielen Orten gekennzeichnet ist. Daher ist das gemeinsame Gedenken Gelegenheit und zugleich Pflicht, ein gemeinsames Glaubenszeugnis zu sein.

Der Charakter des Gedenkens in der Vergangenheit

5. Der 31. Oktober 1517 wurde bereits recht früh zu einem Symbol für die evangelische Reformation des 16. Jahrhunderts, und noch heute erinnern viele lutherische Kirchen jedes Jahr am 31. Oktober an die Ereignisse, die als »Reformation« bezeichnet werden. Die Jahrhundertfeiern der Reformation wurden aufwändig und festlich begangen. Bei diesen Feierlichkeiten traten die gegensätzlichen Ansichten der verschiedenen konfessionellen Gruppen besonders sichtbar zutage. Lutheranern bot sich bei den Gedenktagen und den Jahrhundertfeiern

immer wieder die Möglichkeit, die Geschichte des Beginns der charakteristischen – evangelischen – Form ihrer Kirche zu erzählen, um ihre besondere Existenz zu rechtfertigen. Dies war natürlich verbunden mit Kritik an der Römisch-katholischen Kirche. Auf der anderen Seite nutzten Katholiken diese Gedenktage als Gelegenheiten, um den Lutheranern eine nicht zu rechtfertigende Abspaltung von der wahren Kirche und eine Zurückweisung des Evangeliums von Christus vorzuwerfen.

6. Oft beeinflussten politische und kirchenpolitische Interessen die früheren Jahrhundertfeiern. Im Jahr 1617 zum Beispiel trug die Hundertjahrfeier dazu bei, die gemeinsame reformatorische Identität von Lutheranern und Reformierten zu stabilisieren und zu beleben, indem sie diesen Gedenktag gemeinsam begingen. Lutheraner und Reformierte demonstrierten ihre Solidarität durch starke Polemik gegen die Römisch-katholische Kirche. Gemeinsam feierten sie Luther als Befreier vom römischen Joch. Viel später, im Jahr 1917, mitten im Ersten Weltkrieg, wurde Luther als deutscher Nationalheld dargestellt.

Das erste ökumenische Gedenken

7. Im Jahr 2017 wird das Jahrhundertgedenken der Reformation zum ersten Mal in einem ökumenischen Zeitalter stattfinden. Dieses Jahr wird auch das 50. Jahr des lutherisch/römisch-katholischen Dialogs sein. Es war und ist für Lutheraner und Katholiken eine Bereicherung, dass sie als Teil der ökumenischen Bewegung miteinander beten, gemeinsam Gottesdienste feiern, gemeinsam für ihre Gemeinschaften tätig sind. Gemeinsam stehen sie auch politischen, sozialen und wirtschaftlichen Herausforderungen gegenüber. Die Spiritualität, die in konfessionsverbindenden Ehen deutlich sichtbar ist, hat zu neuen Einsichten und Fragen geführt. Lutheraner und Katholiken konnten ihre theologischen Traditionen und Praktiken neu interpretieren, wobei sie sich bewusst sind, dass sie sich gegenseitig beeinflusst haben Deshalb haben sie den Wunsch, das Gedenken im Jahr 2017 gemeinsam zu begehen.

8. Diese Veränderungen erfordern einen neuen Ansatz. Es ist nicht länger angemessen, einfach frühere Darstellungen der Reformationszeit zu wiederholen, die die lutherischen und katholischen Sichtweisen getrennt und oft in Gegensatz zueinander präsentierten. Historische Er-

innerung wählt immer aus einer Überfülle von historischen Momenten aus und fügt die ausgewählten Elemente zu einem sinnvollen Ganzen zusammen. Weil jene Darstellungen der Vergangenheit meist gegensätzlich waren, haben sie nicht selten den Konflikt zwischen beiden Konfessionen verstärkt und manchmal zu offener Feindseligkeit geführt.

9. Die Art der geschichtlichen Erinnerung hat erhebliche Auswirkungen auf die Beziehungen der Konfessionen zueinander gehabt. Aus diesem Grund ist ein gemeinsames ökumenisches Gedenken an die lutherische Reformation so wichtig und gleichzeitig so schwierig. Auch heute noch assoziieren viele Katholiken mit dem Wort »Reformation« zuerst Kirchenspaltung, während viele lutherische Christen das Wort »Reformation« hauptsächlich mit der Wiederentdeckung des Evangeliums, mit Glaubensgewissheit und Freiheit verbinden. Man muss beide Ausgangspunkte ernst nehmen, um die zwei Perspektiven in Beziehung zueinander zu setzen und in einen Dialog miteinander zu bringen.

Gedenken in einem neuen globalen und säkularen Kontext

10. Das Christentum ist im letzten Jahrhundert immer globaler geworden. Heute gibt es Christen verschiedener Konfessionen in der ganzen Welt; die Zahl der Christen im Süden steigt, während die Zahl der Christen im Norden abnimmt. Die Kirchen im Süden gewinnen innerhalb des weltweiten Christentums ständig an Bedeutung. Diese Kirchen sehen die Bekenntniskonflikte des 16. Jahrhunderts nicht ohne weiteres als ihre Konflikte an, auch wenn sie durch die verschiedenen christlichen Weltgemeinschaften mit den Kirchen Europas und Nordamerikas verbunden sind und mit ihnen eine gemeinsame Lehrgrundlage teilen. Mit Blick auf das Jahr 2017 wird es sehr wichtig sein, die Beiträge, Fragen und Perspektiven dieser Kirchen ernst zu nehmen.

11. In Ländern, in denen das Christentum seit vielen Jahrhunderten beheimatet ist, haben in jüngerer Zeit viele Menschen die Kirchen verlassen oder sie haben ihre kirchlichen Traditionen vergessen. In diesen Traditionen haben die Kirchen von Generation zu Generation das weitergegeben, was sie in ihrer Begegnung mit der Heiligen Schrift empfangen

hatten: ein Verständnis von Gott, dem Menschen und der Welt als Antwort auf die Offenbarung Gottes in Jesus Christus; die Weisheit, die im Lauf der Generationen aus der Erfahrung lebenslangen Umgangs der Christen mit Gott entstand; den Schatz der liturgischen Formen, Kirchenlieder und Gebete, katechetischen Praktiken und diakonischen Dienste. Infolge dieses Vergessens ist vieles von dem, was die Kirche in der Vergangenheit gespalten hat, heute so gut wie unbekannt.

12. Ökumene aber kann sich nicht auf das Vergessen der Tradition gründen. Doch wie soll dann im Jahr 2017 an die Geschichte der Reformation erinnert werden? Was von dem, für das beide Konfessionen im 16. Jahrhundert gekämpft haben, verdient es, bewahrt zu werden? Unsere Väter und Mütter im Glauben waren davon überzeugt, dass es etwas gab, für das es sich zu kämpfen lohnte, und zwar etwas, das für ein Leben mit Gott notwendig ist. Wie können die häufig vergessenen Traditionen so an unsere Zeitgenossen weitergegeben werden, dass sie nicht Gegenstand antiquarischen Interesses bleiben, sondern stattdessen eine Hilfe für eine lebendige christliche Existenz sind? Wie können die Traditionen so weitergegeben werden, dass keine neuen Gräben zwischen Christen unterschiedlicher Konfessionen aufgeworfen werden?

Neue Herausforderungen für das Gedenken im Jahr 2017

13. Jahrhundertelang waren Kirche und Kultur oft auf engste Weise ineinander verwoben. Vieles von dem, was zum Leben der Kirche gehörte, fand im Lauf der Jahrhunderte einen Raum auch in den Kulturen der jeweiligen Länder und spielt in ihnen bis heute eine Rolle, und das manchmal sogar unabhängig von den Kirchen. Zur Vorbereitung auf das Jahr 2017 ist es nötig, diese verschiedenen nun in der Kultur vorhandenen Elemente der christlichen Tradition zu bestimmen, zu interpretieren und angesichts dieser verschiedenartigen Aspekte ein Gespräch zwischen Kirche und Kultur zu führen.

14. Seit mehr als hundert Jahren verbreiten sich pfingstlerische und charismatische Bewegungen über die ganze Welt. Diese kraftvollen Bewegungen haben neue Schwerpunkte gesetzt, die manche der alten konfessionellen Kontroversen obsolet erscheinen lassen. Die Pfingstbewegung

ist in vielen anderen Kirchen in Form der charismatischen Bewegung präsent; sie schafft neue Gemeinsamkeiten und Gemeinschaften über konfessionelle Grenzen hinweg. Damit eröffnet diese Bewegung neue ökumenische Möglichkeiten und schafft gleichzeitig zusätzliche Herausforderungen, die bei der Gestaltung des Reformationsgedenkens 2017 eine wichtige Rolle spielen werden.

15. Während die früheren Jahrestage der Reformation in konfessionell homogenen Ländern stattfanden oder zumindest in Ländern, in denen die Mehrheit der Bevölkerung Christen waren, leben Christen heute weltweit in multireligiösen Umgebungen. Dieser Pluralismus stellt die ökumenische Bewegung vor eine neue Herausforderung; er macht sie keineswegs überflüssig, sondern im Gegenteil noch dringlicher, da die Feindseligkeit konfessioneller Gegensätze der Glaubwürdigkeit der Christen Schaden zufügt. Die Art und Weise, wie Christen mit Unterschieden untereinander umgehen, kann Menschen anderer Religionen etwas über ihren Glauben offenbaren. Weil die Frage nach dem Umgang mit innerchristlichen Konflikten sich anlässlich des Gedenkens an den Beginn der Reformation besonders intensiv stellt, verdient dieser Aspekt der veränderten Situation besondere Beachtung in unserem Nachdenken über das Jahr 2017.

Kapitel II

Martin Luther und die Reformation – neue Perspektiven

16. Was in der Vergangenheit geschehen ist, kann nicht geändert werden. Was jedoch von der Vergangenheit erinnert wird und wie das geschieht, kann sich im Lauf der Zeit tatsächlich verändern. Erinnerung macht die Vergangenheit gegenwärtig. Während die Vergangenheit selbst unveränderlich ist, ist die Präsenz der Vergangenheit in der Gegenwart veränderlich. Mit Blick auf 2017 geht es nicht darum, eine andere Geschichte zu erzählen, sondern darum, diese Geschichte anders zu erzählen.

17. Lutheraner und Katholiken haben viele Gründe, ihre Geschichte auf neue Art und Weise zu erzählen. Sie sind sich durch familiäre Beziehungen nähergekommen, durch ihren Dienst in der größeren Sendung in die Welt und durch ihren gemeinsamen Widerstand gegen Tyrannei an vielen Orten. Diese vertieften Kontakte haben die gegenseitige Wahrnehmung so verändert, dass der ökumenische Dialog und weitergehende Forschung neue Dringlichkeit erhalten haben. Die ökumenische Bewegung hat der Wahrnehmung der Reformation in den Kirchen eine neue Orientierung gegeben: Ökumenische Theologen haben sich entschlossen, ihre konfessionelle Selbstbehauptung nicht auf Kosten ihrer Dialogpartner zu betreiben, sondern vielmehr nach dem zu suchen, was in den Unterschieden, ja sogar in den Gegensätzen gemeinsam ist, um so auf die Überwindung kirchentrennender Unterschiede hinzuarbeiten.

Beiträge der Mittelalterforschung

18. Die Forschung hat auf vielfältige Weise erheblich dazu beigetragen, die Wahrnehmung der Vergangenheit zu verändern. Im Fall der Reformation sind sowohl evangelische wie katholische Darstellungen der Kirchengeschichte zu nennen. Sie waren in der Lage, durch strikte methodologische Richtlinien und die Reflexion auf die Bedingtheit der eigenen Standpunkte und ihrer Voraussetzungen frühere konfessionelle Bilder der Geschichte zu korrigieren. Auf katholischer Seite gilt dies insbesondere für die neuere Forschung zu Luther und der Reformation, auf evangelischer Seite für ein verändertes Bild der mittelalterlichen Theologie und eine umfassendere und differenziertere Behandlung des späten Mittelalters. In neueren Darstellungen der Reformationszeit wird auch zahlreichen nicht-theologischen – politischen, wirtschaftlichen, sozialen und kulturellen – Faktoren neue Beachtung geschenkt. Mit dem Paradigma der »Konfessionalisierung« sind wichtige Korrekturen an der früheren Geschichtsschreibung der Reformationszeit vorgenommen worden.

19. Das späte Mittelalter wird nicht mehr als eine Zeit totaler Finsternis betrachtet, wie es von Protestanten oft dargestellt wurde, noch wird es als ausschließlich helle Zeit wahrgenommen wie in älteren katholischen Darstellungen. Diese Zeit erscheint heute als Zeit großer Gegensätze – zwischen äußerlicher Frömmigkeit und tiefer Innerlichkeit; zwischen einer Theologie, die an Werken im Sinne eines *do ut des* (»Ich gebe dir, damit du mir gibst«) ausgerichtet war, und der Überzeugung völliger Abhängigkeit von Gottes Gnade; zwischen Gleichgültigkeit gegenüber religiösen Verpflichtungen, auch gegenüber Amtspflichten, und ernsthaften Reformen wie in manchen Mönchsorden.

20. Die Kirche des späten Mittelalters war alles andere als eine monolithische Größe: Das *corpus christianum* umfasste sehr unterschiedliche Theologien, Lebensorientierungen und Konzeptionen von Kirche. Historiker sprechen vom 15. Jahrhundert als einer besonders frommen Zeit in der Kirche. In dieser Zeit erhielten immer mehr Laien eine gute Ausbildung und waren deshalb begierig, bessere Predigten zu hören und eine Theologie, die ihnen helfen würde, ein christliches Leben zu führen. Luther hat solche religiösen Strömungen aufgenommen und weitergeführt.

Kapitel II

Katholische Lutherforschung im 20. Jahrhundert

21. Die katholische Lutherforschung des 20. Jahrhunderts entstand aus dem Interesse von Katholiken an der Reformationsgeschichte, das in der zweiten Hälfte des 19. Jahrhunderts erwacht war. Die Theologen folgten den Anstrengungen der katholischen Bevölkerung im protestantisch dominierten Deutschen Reich, sich von einer einseitigen, antirömischen protestantischen Historiographie zu befreien. Der Durchbruch in der katholischen Forschung gelang mit der These, dass Luther in sich einen Katholizismus überwand, der nicht voll katholisch war. Für diese Ansicht dienten Leben und Lehre der Kirche im späten Mittelalter hauptsächlich als negativer Hintergrund der Reformation: Die Krise des Katholizismus machte verständlich, dass der religiöse Protest Luthers für viele überzeugend war.

22. Luther wurde auf neue Art und Weise als ernster religiöser Mensch und gewissenhafter Mann des Gebets beschrieben. Sorgfältige und minutiöse historische Forschung hat gezeigt, dass die katholische Literatur über Luther während der letzten vier Jahrhunderte bis hin ins 20. Jahrhundert maßgeblich durch die Kommentare von Johannes Cochlaeus, einem zeitgenössischen Gegner Luthers und Berater des Herzogs Georg von Sachsen, geprägt wurde. Cochlaeus hatte Luther als vom Glauben abgefallenen Mönch, als Zerstörer des Christentums, Verderber der Moral und Ketzer bezeichnet. Die Leistung dieser ersten Periode einer kritischen, aber wohlwollenden Auseinandersetzung mit Luthers Charakter war die Befreiung der katholischen Forschung von der einseitigen Herangehensweise solcher polemischer Werke über Luther. Nüchterne historische Analysen anderer katholischer Theologen haben gezeigt, dass nicht die Kerngedanken der Reformation, wie zum Beispiel die Rechtfertigungslehre, zur Spaltung der Kirche führten, sondern vielmehr Luthers Kritik an der Verfassung der Kirche seiner Zeit, wie sie aus diesen Anliegen entsprang.

23. Der nächste Schritt der katholischen Lutherforschung bestand darin zu entdecken, wie analoge Inhalte in unterschiedliche theologische Gedankenstrukturen und -systeme eingebettet sind, vor allem durch einen systematischen Vergleich der exemplarischen Theologen der beiden Konfessionen, Thomas von Aquin und Martin Luther. Diese Arbeit erlaubte es den Theologen, Luthers Theologie in ihrem eigenen Horizont

zu verstehen. Gleichzeitig untersuchte die katholische Forschung die Bedeutung der Rechtfertigungslehre innerhalb des Augsburger Bekenntnisses. Dabei wurden Luthers reformatorische Anliegen in den weiteren Kontext der lutherischen Bekenntnisbildung gestellt. Dabei konnte man erkennen, dass es die Intention des Augsburger Bekenntnisses war, grundlegende reformatorische Anliegen zum Ausdruck zu bringen *und* die Einheit der Kirche zu bewahren.

ÖKUMENISCHE PROJEKTE AUF DEM WEG ZUM KONSENS

24. Diese Bemühungen führten direkt zu einem ökumenischen Projekt, das 1980 von lutherischen und katholischen Theologen in Deutschland anlässlich des 450. Jahrestages der Übergabe des Augsburger Bekenntnisses begonnen wurde: dem Projekt einer katholischen Anerkennung des Augsburger Bekenntnisses. Von den umfangreichen Ergebnissen des späteren Projekts des Ökumenischen Arbeitskreises evangelischer und katholischer Theologen »Lehrverurteilungen – kirchentrennend?«[3] lassen sich Spuren auf jenes Vorhaben der katholischen Lutherforschung zurückführen.

25. Die *Gemeinsame Erklärung zur Rechtfertigungslehre*[4], 1999 von Vertretern des Lutherischen Weltbunds wie der Römisch-katholischen Kirche unterzeichnet, gründet in diesen Vorarbeiten sowie in der Arbeit des US-Dialogs *Rechtfertigung durch den Glauben*[5]. Sie bestätigt, dass zwischen Lutheranern und Katholiken ein Konsens in den grundlegenden Wahrheiten der Rechtfertigungslehre besteht.

---

[3] K. Lehmann/W. Pannenberg (Hg.), Lehrverurteilungen – kirchentrennend? I: Rechtfertigung, Sakramente und Amt im Zeitalter der Reformation und heute, Freiburg/Göttingen 1986.

[4] Lutherischer Weltbund/Päpstlicher Rat zur Förderung der Einheit der Christen, Gemeinsame Erklärung zur Rechtfertigungslehre. Gemeinsame offizielle Feststellung. Anhang (Annex) zur Gemeinsamen offiziellen Feststellung, Frankfurt/Paderborn 1999.

[5] H. George Anderson/T. Austin Murphy/Joseph A. Burgess (Hg.), Justification by Faith. Lutherans and Catholics in Dialogue VII, Minneapolis, MN, 1985.

Katholische Entwicklungen

26. Das Zweite Vatikanische Konzil hat sich in Aufnahme der biblischen, liturgischen und patristischen Erneuerung der vorangegangenen Jahrzehnte mit Themen wie Wertschätzung und Hochachtung der Heiligen Schrift im Leben der Kirche, Wiederentdeckung des gemeinsamen Priestertums aller Getauften, Notwendigkeit ständiger Läuterung und Reform der Kirche, Verständnis des kirchlichen Amtes als Dienst und Bedeutung der Freiheit und Verantwortung der Menschen, darunter die Anerkennung der Religionsfreiheit, befasst.

27. Das Konzil hat außerdem Elemente der Heiligung und der Wahrheit auch außerhalb der Strukturen der Römisch-katholischen Kirche anerkannt. Es erklärte, dass »einige, ja sogar viele und bedeutende Elemente oder Güter, aus denen insgesamt die Kirche erbaut wird und ihr Leben gewinnt, auch außerhalb der sichtbaren Grenzen der katholischen Kirche existieren können«, und es nannte als diese Elemente »das geschriebene Wort Gottes, das Leben der Gnade, Glaube, Hoffnung und Liebe und andere innere Gaben des Heiligen Geistes und sichtbare Elemente« (UR 3). Das Konzil sprach auch von »zahlreiche[n] liturgische[n] Handlungen der christlichen Religion«, die die »von uns getrennten Brüder« vollziehen, und sagte, diese könnten »auf verschiedene Weise je nach der verschiedenen Verfasstheit einer jeden Kirche und Gemeinschaft ohne Zweifel tatsächlich das Leben der Gnade zeugen [...] und [müssten] als geeignete Mittel für den Zutritt zur Gemeinschaft des Heiles angesehen werden« (UR 3). Die Anerkennung erstreckt sich nicht nur auf die einzelnen Elemente und Vollzüge in diesen Gemeinschaften, sondern auch auf die »getrennten Kirchen und Gemeinschaften« selbst. »Denn der Geist Christi hat sich gewürdigt, sie als Mittel des Heiles zu gebrauchen« (UR 3).

28. Im Licht der Erneuerung der katholischen Theologie, die im Zweiten Vatikanischen Konzil sichtbar geworden ist, können Katholiken heute Martin Luthers Reformanliegen würdigen und sie mit größerer Offenheit betrachten, als dies früher möglich schien.

29. Eine implizite Annäherung an Luthers Anliegen hat zu einer neuen Beurteilung seiner Katholizität geführt. Dies geschah im Kontext der Erkenntnis, dass es seine Absicht war, die Kirche zu reformieren, und

nicht, die Kirche zu spalten. Beide Einsichten treten deutlich in den Erklärungen von Johannes Kardinal Willebrands und Papst Johannes Paul II. hervor[6]. Die Wiederentdeckung dieser beiden wesentlichen Merkmale seiner Person und Theologie hat zu einem neuen ökumenischen Verständnis Luthers als einem »Zeugen des Evangeliums« geführt.

30. Auch Papst Benedikt XVI. hat, als er 2011 das Augustinerkloster in Erfurt besuchte, in dem Luther sechs Jahre lang als Bruder gelebt hat, anerkannt, dass und wie Martin Luthers Person und Theologie eine geistliche und theologische Herausforderung für die katholische Theologie heute darstellen. Papst Benedikt führte aus: »Was ihn [Luther] umtrieb, war die Frage nach Gott, die die tiefe Leidenschaft und Triebfeder seines Lebens und seines ganzen Weges gewesen ist. ›Wie kriege ich einen gnädigen Gott?‹: Diese Frage hat ihn ins Herz getroffen und stand hinter all seinem theologischen Suchen und Ringen. Theologie war für Luther keine akademische Angelegenheit, sondern das Ringen um sich selbst, und dies wiederum war ein Ringen um Gott und mit Gott. ›Wie kriege ich einen gnädigen Gott?‹ Dass diese Frage die bewegende Kraft seines ganzen Weges war, trifft mich immer wieder ins Herz. Denn wen kümmert das eigentlich heute noch – auch unter Christenmenschen? Was bedeutet die Frage nach Gott in unserem Leben? In unserer Verkündigung? Die meisten Menschen, auch Christen, setzen doch heute voraus, dass Gott sich für unsere Sünden und Tugenden letztlich nicht interessiert.«[7]

---

[6] Jan Willebrands, Gesandt in die Welt (Vortrag vor der Fünften Vollversammlung des Lutherischen Weltbunds), in: Chr. Krause/W. Müller-Römheld (Hg.), Evian 1970. Offizieller Bericht der Fünften Vollversammlung des Lutherischen Weltbundes (epd dokumentation, Bd. 3), Witten/Frankfurt/Berlin 1970, (87–100) 97–99; John Paul II, »Letter to Cardinal Willebrands for the Fifth Centenary of the Birth of Martin Luther,« in: Information Service, no. 52 (1983/II), 83f.

[7] Benedikt XVI., Treffen mit Vertretern des Rats der Evangelischen Kirche in Deutschland, 23. September 2011, auf www.vatican.va/holy_father/benedict_xvi/speeches/2011/september/documents/hf_ben-cvi_spe_20110923-evangelical-church-erfurt_de.html.

Evangelische Entwicklungen

31. Auch die evangelische Lutherforschung hat eine beträchtliche Entwicklung erlebt. Die Erfahrungen zweier Weltkriege haben herrschende Annahmen über den Fortschritt in der Geschichte und die Beziehung zwischen Christentum und westlicher Kultur zusammenbrechen lassen, während das Aufkommen der kerygmatischen Theologie einen neuen Weg, über und mit Luther zu denken, eröffnete. Der Dialog mit Profanhistorikern hat geholfen, historische und soziale Faktoren in die Darstellungen der reformatorischen Bewegungen zu integrieren. Evangelische Theologen erkannten die Verflechtungen theologischer Einsichten und politischer Interessen nicht nur auf katholischer, sondern auch auf evangelischer Seite. Der Dialog mit katholischen Theologen hat ihnen geholfen, einseitige konfessionelle Betrachtungsweisen zu überwinden und selbstkritischer mit Aspekten ihrer eigenen Traditionen umzugehen.

Die Bedeutung der ökumenischen Dialoge

32. Die Dialogpartner sind den Lehren ihrer eigenen Kirchen verpflichtet, die nach ihrer Überzeugung die Wahrheit des Glaubens zum Ausdruck bringen. Diese Lehren weisen viele Gemeinsamkeiten auf, können aber in ihren Formulierungen unterschiedlich, zuweilen sogar gegensätzlich sein. Wegen des Ersteren ist Dialog möglich, wegen des Letzteren ist er nötig.

33. Der Dialog zeigt, dass die Gesprächspartner unterschiedliche Sprachen sprechen und die Bedeutung von Worten unterschiedlich verstehen; sie machen unterschiedliche Unterscheidungen und haben unterschiedliche Denkformen. Was jedoch auf der Ebene des Ausdrucks als Gegensatz erscheint, ist in der Sache nicht immer ein Gegensatz. Um das genaue Verhältnis zwischen den betreffenden Lehrartikeln bestimmen zu können, müssen die Texte im Lichte der historischen Kontexte, in denen sie entstanden sind, interpretiert werden. Das erlaubt einem zu erkennen, wo tatsächlich ein Unterschied oder Gegensatz besteht und wo nicht.

34. Ökumenischer Dialog bedeutet, sich von Denkmustern abzuwenden, die durch die Unterschiedlichkeit der Konfessionen entstanden sind und die deren Unterschiede betonen. Stattdessen blicken die Partner im Dialog zuerst auf das, was ihnen gemeinsam ist, und gewichten erst dann die Bedeutung der Unterschiede. Diese werden dabei nicht übersehen oder als unerheblich behandelt; denn der ökumenische Dialog ist die gemeinsame Suche nach der Wahrheit des christlichen Glaubens.

Kapitel III

Eine historische Skizze der lutherischen Reformation und der katholischen Antwort

35. Heute sind wir in der Lage, die Geschichte der lutherischen Reformation gemeinsam zu erzählen. Auch wenn Lutheraner und Katholiken unterschiedliche Perspektiven haben, können sie auf Grund des ökumenischen Dialogs traditionelle anti-evangelische und anti-katholische Hermeneutiken überwinden und einen gemeinsamen Weg finden, auf dem sie Ereignisse der Vergangenheit erinnern können. Die folgenden beiden Kapitel sind keine umfassende Darstellung der ganzen Geschichte und aller kontroversen theologischen Fragen. Sie heben nur einige der wichtigsten historischen Situationen und theologischen Themen der Reformation des 16. Jahrhunderts hervor.

Was meint »Reformation«?

36. In der Antike bezog sich das lateinische Wort »*reformatio*« auf die Vorstellung, eine schlechte gegenwärtige Lage durch Rückkehr zu den guten und besseren Zeiten der Vergangenheit zu verändern. Im Mittelalter wurde der Begriff »*reformatio*« sehr oft im Kontext monastischer Reformen verwendet. Die Mönchsorden betrieben eine *reformatio*, um den Verfall der Disziplin und des religiösen Lebens zu überwinden. Eine der größten Reformbewegungen hatte ihren Ursprung im 10. Jahrhundert in der Abtei von Cluny.

37. Im späten Mittelalter wurde das Konzept der Notwendigkeit einer Reform auf die ganze Kirche angewandt. Die Konzilien und beinahe jeder Reichstag des Heiligen Römischen Reiches befassten sich mit *reformatio*. Das Konzil von Konstanz (1414–1418) betrachtete eine Re-

form der Kirche »an Haupt und Gliedern« als notwendig.[8] Ein weit verbreitetes Reformdokument mit dem Titel »Reformation Kaiser Siegmunds« forderte die Wiederherstellung der rechten Ordnung in beinahe jedem Lebensbereich. Am Ende des 15. Jahrhunderts wurde die Idee einer Reformation auch auf Regierung und Universität ausgeweitet.[9]

38. Luther selbst gebrauchte den Begriff »Reformation« selten. In seinen »Erläuterungen der 95 Thesen« stellte er fest: »Die Kirche braucht eine Reformation, die nicht das Werk eines einzelnen Menschen ist, nämlich des Papstes, oder von vielen Menschen, nämlich den Kardinälen – beides hat das jüngste Konzil gezeigt –, sondern es ist das Werk der ganzen Welt, ja es ist allein das Werk Gottes. Die Zeit freilich für diese Reformation kennt allein der, der die Zeit geschaffen hat.«[10] Manchmal gebrauchte Luther das Wort »Reformation«, um Verbesserungen der Ordnung zu beschreiben, zum Beispiel der Universitäten. In seinem Reformtraktat »An den christlichen Adel deutscher Nation« von 1520 forderte er »ein rechtes, freies Konzil«, das die Möglichkeit bieten würde, Reformvorschläge zu debattieren.[11]

39. Der Begriff »Reformation« wurde später in einem engeren Sinn als Bezeichnung für den Komplex der historischen Ereignisse gebraucht, die die Jahre 1517 bis 1555 umfassen, also von der Verbreitung der 95 Thesen Martin Luthers bis zum Augsburger Religionsfrieden. Die theologische und kirchliche Auseinandersetzung, die Luthers Theologie auslöste, geriet auf Grund der Gegebenheiten jener Zeit rasch in ein Geflecht politischer, wirtschaftlicher und kultureller Interessen. Darum reicht das, was mit dem Begriff »Reformation« bezeichnet wird, weit über das, was Luther selbst lehrte und wollte, hinaus. Als Bezeichnung für eine ganze Epoche wurde der Begriff »Reformation« zuerst von Leo-

---

[8] Dritte Sitzung des Konstanzer Konzils am 26. März 1415 (J. Alberigo [Hg.], Conciliorum Oecumenicorum Decreta, Bd. 2, Bologna ³1973, 407).

[9] Vgl. Die Apostolizität der Kirche. Studiendokument der Lutherisch/Römisch-katholischen Kommission für die Einheit, Paderborn/Frankfurt 2009, Nr. 92 (= ApK 92). Zitate aus ökumenischen Dokumenten werden mit Verweis auf Nummern, nicht auf Seiten nachgewiesen.

[10] WA 1; 627,27–31.

[11] Vgl. WA 6; 407,1 (An den christlichen Adel deutscher Nation; 1520).

pold von Ranke gebraucht. Er hat im 19. Jahrhundert den Ausdruck »Zeitalter der Reformation« populär gemacht.

Auslöser der Reformation: Die Kontroverse um den Ablass

40. Am 31. Oktober 1517 sandte Luther 95 Thesen mit der Überschrift »Disputation zur Klärung der Kraft der Ablässe« als Anhang zu einem Brief an Erzbischof Albrecht von Mainz. In diesem Brief brachte Luther ernste Bedenken gegen Predigt und Praxis der Ablässe, wie sie unter der Verantwortung des Erzbischofs stattfanden, zum Ausdruck und drängte ihn zu Korrekturen. Am selben Tag schrieb er einen Brief an seinen Diözesanbischof Hieronymus Schulze von Brandenburg. Als Luther seine Thesen an einen kleinen Kreis von Kollegen sandte und sie aller Wahrscheinlichkeit nach an der Türe der Schlosskirche in Wittenberg anschlug, wollte er eine akademische Disputation über offene und ungelöste Fragen von Theorie und Praxis der Ablässe initiieren.

41. Ablässe spielten eine wichtige Rolle in der Frömmigkeit jener Zeit. Ein Ablass wurde verstanden als Erlass der zeitlichen Strafe für eine Sünde, deren Schuld bereits vergeben ist. Christen konnten einen Ablass unter bestimmten vorgeschriebenen Bedingungen – wie Gebet, Taten der Liebe, Almosen – erhalten, und zwar durch das Tun der Kirche, von dem angenommen wurde, dass es den Schatz der Genugtuungen Christi und der Heiligen an die Büßenden austeilte und ihnen zuteilwerden ließ.

42. Nach Luthers Urteil fügte die Ablasspraxis der Frömmigkeit der Christen Schaden zu. Er stellte in Frage, ob Ablässe die Büßenden von Strafen, die Gott ihnen auferlegt hatte, befreien könnten; ob Strafen, die ein Priester auferlegt hatte, ins Fegfeuer übertragen werden könnten; ob nicht der heilende und reinigende Aspekt der Strafen bedeutete, dass ein ernsthaft Büßender es vorziehen würde, die Strafen zu erleiden, statt von ihnen befreit zu werden; und ob das Geld, das für Ablässe gegeben wurde, nicht besser den Armen gegeben werden sollte. Er stellte auch die Frage nach dem Wesen des Kirchenschatzes, aus dem der Papst Ablässe anbot.

DER PROZESS GEGEN LUTHER

43. Luthers 95 Thesen verbreiteten sich sehr rasch in Deutschland und verursachten großes Aufsehen, während sie zugleich den Ablasskampagnen ernsthaften Schaden zufügten. Bald kamen Gerüchte auf, dass Luther wegen Ketzerei angeklagt würde. Bereits im Dezember 1517 hatte der Erzbischof von Mainz die 95 Thesen zusammen mit einigem zusätzlichen Material nach Rom geschickt, um Luthers Theologie überprüfen zu lassen.

44. Luther war überrascht über die Reaktion auf seine Thesen, weil er kein öffentliches Ereignis, sondern eine akademische Disputation geplant hatte. Er fürchtete, dass die Thesen leicht missverstanden werden könnten, wenn sie von einem größeren Publikum gelesen würden. Darum publizierte er Ende März 1518 den »Sermo von Ablass und Gnade« in deutscher Sprache. Es war eine außerordentlich erfolgreiche Schrift, die Luther rasch zu einer in der deutschen Öffentlichkeit wohlbekannten Person machte. Luther betonte wiederholt, dass seine Thesen – abgesehen von den vier ersten – keine definitiven Aussagen darstellten, sondern Thesen, die für eine Disputation geschrieben waren.

45. Rom hatte Sorge, dass Luthers Theologie die Lehre der Kirche und die Autorität des Papstes untergraben könnte. Darum wurde Luther aufgefordert, nach Rom zu kommen, um dort vor einem kurialen Gerichtshof seine Theologie zu verantworten. Jedoch wurde der Prozess auf Bitten von Kurfürst Friedrich dem Weisen nach Deutschland verlegt, und zwar auf den Reichstag von Augsburg. Kardinal Cajetan erhielt das Mandat, Luther dort zu verhören. Das päpstliche Mandat besagte, dass Luther widerrufen musste oder dass für den Fall der Weigerung Luthers der Kardinal die Macht hatte, ihn sofort zu bannen oder festzunehmen und nach Rom zu bringen. Nach der Begegnung verfasste Cajetan den Entwurf für eine lehramtliche Erklärung zum Ablass; der Papst promulgierte diese kurz nach dem Verhör in Augsburg. Eine Antwort auf Luthers Argumente fand sich darin nicht.[12]

46. Der ganze Prozess, der schließlich zur Exkommunikation Luthers führte, war von einer grundlegenden Zweideutigkeit bestimmt. Luther

---

[12] Leo X., Cum postquam, 9. November 1518 (DH 1448; cf. 1467 und 2641).

stellte Fragen zur Disputation und brachte Argumente vor. Er und die Öffentlichkeit, die durch viele Flugschriften und Publikationen über seine Auffassung und den Fortgang des Prozesses informiert war, erwarteten einen Austausch von Argumenten. Luther war ein faires Verfahren versprochen worden. Aber obgleich man ihm zugesichert hatte, dass er gehört werden würde, wurde ihm wieder und wieder mitgeteilt, er habe zu widerrufen oder werde zum Ketzer erklärt werden.

47. Am 13. Oktober 1518 erklärte Luther in einer feierlichen *protestatio*, er sei in Übereinstimmung mit der Heiligen Römischen Kirche und könne nicht widerrufen, bevor er nicht davon überzeugt worden sei, dass er irre. Am 22. Oktober betonte er wiederum, dass sein Denken und Lehren sich innerhalb des Rahmens der Lehre der Römischen Kirche bewegten.

Fehlgeschlagene Begegnungen

48. Vor seiner Begegnung mit Luther hatte Kardinal Cajetan zwei Schriften des Wittenberger Professors sehr sorgfältig studiert und sogar Traktate über sie geschrieben. Aber Cajetan verstand Luther innerhalb seines eigenen Begriffssystems und missverstand ihn darum in der Frage der Glaubensgewissheit, auch wenn er die Einzelheiten von Luthers Position korrekt wiedergab. Umgekehrt kannte Luther die Theologie des Kardinals nicht, und im Verhör, das nur eine begrenzte Diskussion erlaubte, drängte der Kardinal Luther zum Widerruf. Das Verhör gab Luther nicht die Gelegenheit, die Position des Kardinals zu verstehen. Es ist eine Tragödie, dass zwei der hervorragendsten Theologen des 16. Jahrhunderts einander in einem Häresieverfahren begegneten.

49. In den folgenden Jahren entwickelte sich Luthers Theologie rasch und brachte neue Kontroversthemen hervor. Der angeklagte Theologe arbeitete, um seine Position zu verteidigen und Anhänger zu gewinnen im Kampf mit denen, die dabei waren, ihn zum Ketzer zu erklären. Es erschienen viele Publikationen für und gegen Luther, aber es gab nur eine Disputation, und zwar die in Leipzig im Jahr 1519 zwischen Andreas Bodenstein von Karlstadt und Luther auf der einen Seite und Johannes Eck auf der anderen Seite.

Die Verurteilung Martin Luthers

50. Währenddessen ging in Rom das Verfahren gegen Luther weiter. Schließlich entschied sich Papst Leo X. zu handeln. Um seinem pastoralen Amt gerecht zu werden, fühlte sich Leo X. verpflichtet, den »orthodoxen Glauben« zu schützen gegen die, die »die Schrift verdrehen und verfälschen«, so dass sie nicht länger »das Evangelium Christi« ist.[13] Darum erließ der Papst die Bulle *Exsurge Domine* (15. Juni 1520), die 41 Sätze, die aus verschiedenen Veröffentlichungen Luthers genommen waren, verdammte. Auch wenn sie sich alle in Luthers Schriften finden und korrekt zitiert sind, sind sie aus ihren jeweiligen Kontexten gerissen. *Exsurge Domine* nennt diese Sätze »häretisch oder anstößig oder falsch oder fromme Ohren verletzend oder einfache Gemüter verführend und der katholischen Wahrheit widerstrebend«[14], wobei nicht gesagt wird, welche Qualifikation sich auf welchen Satz bezieht. Am Ende der Bulle drückte der Papst seine Frustration aus, dass Luther auf keine seiner Einladungen zur Diskussion geantwortet habe, auch wenn er die Hoffnung behielt, dass Luther eine Bekehrung des Herzens vollziehen und sich von seinen Irrtümern abkehren würde. Papst Leo gab Luther 60 Tage Zeit, seine »Irrtümer« zu widerrufen; andernfalls würde er sich die Exkommunikation zuziehen.

51. Eck und Aleander, die *Exsurge Domine* in Deutschland veröffentlichten, forderten dazu auf, Luthers Werke zu verbrennen. Als Antwort darauf verbrannten einige Wittenberger Theologen am 10. Dezember 1520 einige Bücher, die dem entsprachen, was man später kanonisches Recht nannte, zusammen mit einigen Büchern von Luthers Gegnern. Luther warf die päpstliche Bulle ins Feuer. Damit war klar, dass er nicht zum Widerruf bereit war. Mit der Bulle *Decet Romanum Pontificem* wurde Luther am 3. Januar 1521 exkommuniziert.

---

[13] Leo X., Exsurge Domine, in: P. Fabisch/E. Iserloh (Hg.), Dokumente zur Causa Lutheri (1517-1521), 2. Teil (Corpus Catholicorum 42), Münster 1991, 366.370. Vgl. auch DH 1451-1492.

[14] DH 1492.

Die Autorität der Schrift

52. Der Konflikt um den Ablass entwickelte sich rasch zu einem Autoritätenkonflikt. Für Luther hatte die römische Kurie ihre Autorität verloren, weil sie formal auf ihrer Autorität bestanden und nicht biblisch argumentiert hatte. Am Beginn des Konflikts bildeten die theologischen Autoritäten Schrift, Kirchenväter und kirchenrechtliche Tradition für Luther eine Einheit. Im Verlauf des Konflikts brach diese Einheit auseinander, als Luther zu dem Schluss kam, dass die Canones, wie sie von den Verantwortlichen in Rom ausgelegt wurden, in Konflikt mit der Schrift standen. Von katholischer Seite ging die Auseinandersetzung weniger um die Vorrangstellung der Schrift – dieser stimmten auch die Katholiken zu – als vielmehr um die rechte Auslegung der Schrift.

53. Als Luther zu dem Urteil kam, dass es für gewisse Erklärungen Roms eine biblische Begründung nicht gab oder dass sie sogar der biblischen Botschaft widersprachen, begann er den Gedanken zu erwägen, der Papst könnte der Antichrist sein. Mit dieser zugegebenermaßen schockierenden Anklage wollte Luther sagen, dass der Papst Christus nicht erlaubte zu sagen, was Christus sagen wollte, und dass der Papst sich über die Schrift gestellt hatte, anstatt sich ihrer Autorität zu unterwerfen. Der Papst beanspruchte, dass sein Amt *iure divino* (mit göttlichem Recht) eingesetzt war, während Luther für diesen Anspruch eine biblische Rechtfertigung nicht finden konnte.

Luther in Worms

54. Nach den Gesetzen des Heiligen Römischen Reiches Deutscher Nation musste eine Person, die exkommuniziert worden war, auch mit der Reichsacht belegt werden. Trotzdem forderten die Mitglieder des Reichstags in Worms, dass eine unabhängige Autorität Luther zu verhören hatte. Darum wurde Luther aufgefordert, nach Worms zu kommen. Der Kaiser gewährte ihm, der inzwischen ein erklärter Ketzer war, sicheres Geleit in die Stadt. Luther hatte auf dem Reichstag eine Disputation erwartet, aber er wurde nur gefragt, ob er gewisse Bücher, die auf einem Tisch vor ihm lagen, verfasst habe und ob er bereit sei zu widerrufen.

55. Luther antwortete auf diese Aufforderung zum Widerruf mit den berühmten Worten: »Wenn ich nicht durch Schriftzeugnisse oder einen klaren Grund widerlegt werde – denn allein dem Papst oder den Konzilien glaube ich nicht, denn es steht fest, dass sie öfter geirrt und sich selbst widersprochen haben –, so bin ich durch die von mir angeführten Schriftworte überwunden. Und weil mein Gewissen durch die Worte Gottes gefangen ist, kann und will ich nichts widerrufen, weil es unsicher ist und die Seligkeit bedroht, etwas gegen das Gewissen zu tun. Gott helfe mir. Amen.«[15]

56. Als Antwort darauf hielt Kaiser Karl V. eine bemerkenswerte Rede, in der er seine Absichten darlegte. Der Kaiser erwähnte, dass er von einer langen Reihe von Herrschern abstamme, die die Verteidigung des katholischen Glaubens um des Heils der Seelen willen immer als ihre Pflicht angesehen hätten, und dass er dieselbe Pflicht habe. Der Kaiser argumentierte, dass ein einzelner Bruder sich im Irrtum befinde, wenn seine Auffassung im Widerspruch zur ganzen Christenheit der vergangenen tausend Jahre stehe.[16]

57. Der Reichstag von Worms machte Luther zu einem Rechtlosen, der festgenommen oder sogar getötet werden musste. Er befahl den Herrschenden, die »Lutherische Ketzerei« mit allen Mitteln zu unterdrücken. Luthers Auffassungen waren jedoch für viele Fürsten und Städte überzeugend; darum setzten sie das Reichstagsmandat nicht um.

Die Anfänge der reformatorischen Bewegung

58. Luthers Verständnis des Evangeliums überzeugte eine wachsende Zahl von Priestern, Mönchen und Predigern. Sie versuchten, dieses Verständnis in ihren Predigten zum Ausdruck zu bringen. Zu den sichtbaren Zeichen der eintretenden Veränderungen gehörte, dass Laien die Kommunion unter beiden Gestalten empfingen oder dass viele Priester

---

[15] WA 7; 838,4–9. Die Worte »Ich kann nicht anderst, hie stehe ich« sind nicht gesichert (siehe WA z. St. mit Verweis auf die Reichstagsakten).
[16] Vgl. H. Wolter, Das Bekenntnis des Kaisers, in: F. Reuter (Hg.), Der Reichstag zu Worms von 1521. Reichspolitik und Luthersache, Köln/Wien ²1981, (222–236) 226–229.

und Mönche heirateten; bestimmte Fastenregeln wurden nicht mehr beachtet, und zeitweise ging man respektlos mit Bildern und Reliquien um.

59. Luther hatte nicht die Absicht, eine neue Kirche zu gründen; er war vielmehr Teil eines breiten und vielschichtigen Reformverlangens. Er spielte eine zunehmend aktive Rolle mit Beiträgen zur Reform von Praktiken und Lehren, die nach seinem Urteil allein auf menschlicher Autorität beruhten und in Spannung oder in Widerspruch zur Schrift zu stehen schienen. In seinem Traktat »An den christlichen Adel deutscher Nation« (1520) setzte sich Luther mit Argumenten für das Priestertum aller Getauften und daher für eine aktive Rolle der Laien bei der Kirchenreform ein. In der Tat spielten Laien eine wichtige Rolle in der reformatorischen Bewegung, sei es als Fürsten, Magistrate oder gewöhnliche Leute.

Die Notwendigkeit einer Aufsicht

60. Weil es keinen zentralen Plan und kein Zentrum für die Durchführung der Reformen gab, unterschied sich die Lage von Stadt zu Stadt, von Dorf zu Dorf. Es wurde notwendig, kirchliche Visitationen durchzuführen. Weil dies die Autorität von Fürsten und Magistraten erforderte, baten die Reformatoren den Kurfürsten von Sachsen 1527, eine Visitationskommission einzurichten und zu autorisieren. Ihre Aufgabe war es nicht nur, die Predigten und den ganzen Dienst wie auch das Leben der Pfarrer zu beurteilen, sondern auch dafür zu sorgen, dass diese die Mittel erhielten, die zum Lebensunterhalt notwendig waren.

61. Diese Kommission richtete so etwas wie eine Kirchenleitung ein. Superintendenten erhielten die Aufgabe zugeteilt, die Aufsicht über die Pfarrer eines bestimmten Gebietes auszuüben und ihre Lehre und ihre Lebensweise zu beaufsichtigen. Die Kommission prüfte auch die Gottesdienstordnungen und sorgte für ihre Einheit. 1528 wurde das Handbuch für die Pfarrer, das alle für sie wichtigen Lehrfragen und praktischen Probleme erörterte, publiziert. Es spielte eine wichtige Rolle in der Geschichte des lutherischen Bekenntnisses.

DIE HEILIGE SCHRIFT ZU DEN MENSCHEN BRINGEN

62. Luther übersetzte zusammen mit Kollegen der Wittenberger Universität die Bibel ins Deutsche, damit mehr Leute in die Lage versetzt würden, selber die Heilige Schrift zu lesen, damit – neben anderem Nutzen – sie an der geistlichen und theologischen Urteilsbildung im Leben der Kirche teilnehmen könnten. Aus diesem Grund richteten die Reformatoren Schulen für Jungen und Mädchen ein und unternahmen ernsthafte Anstrengungen, Eltern davon zu überzeugen, dass sie ihre Kinder zur Schule schicken sollten.

KATECHISMEN UND LIEDER

63. Um die geringe Kenntnis des christlichen Glaubens bei Pfarrern und Laien zu verbessern, schrieb Luther den Kleinen Katechismus für einen weiteren Leserkreis und den Großen Katechismus für Pfarrer und gut ausgebildete Laien. Die Katechismen erläuterten die Zehn Gebote, das Vaterunser, das Glaubensbekenntnis und beinhalteten Ausführungen über die Sakramente der Heiligen Taufe und des Heiligen Abendmahls. Der Kleine Katechismus, Luthers einflussreichstes Buch, half, das Glaubenswissen einfacher Menschen deutlich zu verbessern.

64. Diese Katechismen sollten Menschen helfen, ein christliches Leben zu führen und theologische und geistliche Urteilsfähigkeit zu gewinnen. Die Katechismen veranschaulichen die Tatsache, dass für die Reformatoren Glaube nicht nur Vertrauen in Christus und seine Verheißung bedeutete, sondern auch Zustimmung zum propositionalen Glaubensinhalt, der gelernt werden kann und muss.

65. Um die Teilnahme der Laien am Gottesdienst zu stärken, dichteten die Reformatoren Kirchenlieder und veröffentlichten Gesangbücher. Diese spielten dauerhaft eine wichtige Rolle für die lutherische Frömmigkeit und wurden Teil des kostbaren Erbes der ganzen Kirche.

Pfarrer für die Gemeinden

66. Die lutherischen Gemeinden hatten nunmehr die Heilige Schrift in ihrer Muttersprache, Katechismen, Lieder, Kirchen- und Gottesdienstordnungen; dennoch blieb ein großes Problem, nämlich die Gemeinden mit Pfarrern zu versorgen. Während der ersten Jahre der Reformation wurden viele Priester und Mönche lutherische Pfarrer, so dass genügend Pfarrer zur Verfügung standen. Aber dieser Weg, Pfarrer zu bekommen, erwies sich schließlich als nicht ausreichend.

67. Es verdient Beachtung, dass die Reformatoren bis 1535 warteten, bevor sie eigene Ordinationen in Wittenberg durchführten. Im Augsburger Bekenntnis (1530) erklärten die Reformatoren, dass sie bereit seien, den Bischöfen Gehorsam zu leisten, wenn diese die Predigt des Evangeliums nach den reformatorischen Überzeugungen zulassen würden. Weil dies nicht geschah, standen die Reformatoren vor der Wahl: Entweder würden sie die traditionelle Weise, Priester durch Bischöfe zu ordinieren, aufrechterhalten, damit aber die reformatorische Predigt aufgeben, oder sie würden diese Predigt beibehalten, müssten dann aber Pfarrer durch andere Pfarrer ordinieren. Die Reformatoren wählten die zweite Lösung; dafür nahmen sie eine Tradition der Auslegung der Pastoralbriefe, die bis auf Hieronymus in der Alten Kirche zurückging, in Anspruch.

68. Mitglieder der Wittenberger theologischen Fakultät handelten im Auftrag der Kirche; sie prüften sowohl die Lehre wie das Leben der Kandidaten. Die Ordinationen fanden in Wittenberg statt und nicht in den Gemeinden der Ordinanden, weil die Pfarrer in das Amt der ganzen Kirche ordiniert wurden. Die Ordinationszeugnisse betonten die Übereinstimmung des Ordinanden mit der Lehre der katholischen Kirche. Der Ritus der Ordination bestand aus Handauflegung und Gebet um den Heiligen Geist.

Theologische Versuche zur Überwindung des Konflikts

69. Das Augsburger Bekenntnis (1530) war der Versuch, den mit der lutherischen Reformation aufgebrochenen religiösen Konflikt zu lösen. Sein erster Teil (Artikel 1–21) präsentiert die lutherische Lehre als

in Übereinstimmung mit der Lehre »der katholischen oder römischen Kirche«[17]. Sein zweiter Teil (Artikel 22–28) handelt von Veränderungen, die die Reformatoren initiiert hatten, um bestimmte Praktiken, die sie als Missbräuche verstanden, zu korrigieren, und von den Gründen für die Veränderung dieser Praktiken. Am Schluss von Teil 1 heißt es: »Das ist beinahe die Zusammenfassung der Lehre bei uns. In ihr kann nichts erkannt werden, was von der Schrift oder von der katholischen oder der römischen Kirche, soweit diese uns aus den Schriftstellern bekannt ist, abweicht. Weil dies so ist, urteilen die zu scharf, die verlangen, dass die Unseren für Ketzer zu halten sind.«[18]

70. Das Augsburger Bekenntnis ist ein starkes Zeugnis für die Entschlossenheit der lutherischen Reformatoren, die Einheit der Kirche zu bewahren und innerhalb der einen sichtbaren Kirche zu bleiben. Indem es die Differenz ausdrücklich als von geringerer Bedeutung dargestellt hat, ist dieses Bekenntnis dem ähnlich, was wir heute einen differenzierenden Konsens nennen würden.

71. Sogleich sahen einige katholische Theologen die Notwendigkeit, auf das Augsburger Bekenntnis zu antworten, und sie verfassten rasch die Confutatio (Widerlegung) des Augsburger Bekenntnisses. Diese Confutatio schloss sich eng an den Text und die Argumente der Confessio Augustana an. Die Confutatio konnte zusammen mit dem Augsburger Bekenntnis einige zentrale christliche Lehren bejahen wie die Trinitätslehre, die Christologie und die Tauflehre. Die Confutatio wies jedoch eine Reihe von lutherischen Auffassungen zur Lehre von der Kirche und den Sakramenten unter Berufung auf biblische und patristische Texte zurück. Da die Lutheraner durch die Argumente der Confutatio nicht überzeugt werden konnten, wurde Ende August 1530 ein offizieller Dialog begonnen, um die Differenzen zwischen Confessio und Confutatio zu versöhnen. Diesem Dialog gelang es jedoch nicht, die verbliebenen Probleme im Verständnis der Kirche und der Sakramente zu lösen.

---

[17] BSLK 83c,9f.
[18] BSLK 83c,7–14.

72. Ein anderer Versuch, den religiösen Konflikt zu überwinden, waren die sogenannten Religionsgespräche (Speyer/Hagenau [1540], Worms [1540-1541], Regensburg [1541-1546]). Der Kaiser oder sein Bruder, König Ferdinand, beriefen die Unterredungen ein; sie fanden unter der Leitung eines kaiserlichen Repräsentanten statt. Ziel war es, die Lutheraner zu überzeugen, zu den Auffassungen ihrer Gegner zurückzukehren. Taktiken, Intrigen und politischer Druck spielten in ihnen eine große Rolle.

73. Die Verhandlungen führten zu einem bemerkenswerten Text über die Rechtfertigungslehre im *Regensburger Buch* (1541). Hingegen schien der Konflikt um die Lehre von der Eucharistie unüberwindlich. Am Ende verwarfen Rom und Luther die Ergebnisse, so dass diese Verhandlungen endgültig scheiterten.

Der Religionskrieg und der Friede von Augsburg

74. Der Schmalkaldische Krieg (1546-1547), den Kaiser Karl V. gegen die lutherischen Territorien führte, hatte das Ziel, die lutherischen Fürsten zu besiegen und sie zu zwingen, alle Veränderungen rückgängig zu machen. Anfangs war der Kaiser erfolgreich. Er gewann den Krieg (20. Juli 1547). Bald waren seine Truppen in Wittenberg, wo der Kaiser allerdings seine Soldaten daran hinderte, Luthers toten Leib auszugraben und zu verbrennen.

75. Auf dem Reichstag in Augsburg (1547-1548) legte der Kaiser den Lutheranern das sogenannte Augsburger Interim auf, das zu endlosen Konflikten in den lutherischen Territorien führte. Dieses Dokument erläuterte die Rechtfertigung vor allem als Gnade, die zur Liebe führt. Es betonte die Unterordnung unter die Bischöfe und den Papst. Es erlaubte jedoch die Heirat von Pfarrern und die Kommunion unter beiden Gestalten.

76. 1552 begann nach einer Fürstenverschwörung ein neuer Krieg gegen den Kaiser, der ihn zwang, aus Österreich zu fliehen. Das führte zum Friedensvertrag zwischen den lutherischen Fürsten und König Ferdinand. Der Versuch, »die lutherische Ketzerei« mit militärischen Mitteln auszurotten, war somit schließlich gescheitert.

77. Der Krieg endete 1555 mit dem Frieden von Augsburg. Dieser Friedensvertrag war der Versuch, Wege zu finden, dass Menschen mit unterschiedlichen religiösen Überzeugungen miteinander in einem Land würden leben können. Territorien und Städte, die dem Augsburger Bekenntnis anhingen, wurden ebenso wie katholische Territorien im Deutschen Reich anerkannt, nicht jedoch Menschen mit anderen Glaubensüberzeugungen wie Reformierte und Täufer. Fürsten und Magistrate hatten das Recht, über die Religion ihrer Untertanen zu bestimmen. Wenn der Fürst die Religion wechselte, mussten die Menschen, die in seinem Territorium lebten, ebenfalls ihre Religion wechseln, während in den Gebieten, in denen Bischöfe Fürsten waren (geistliche Fürstentümer), die Religion nicht geändert werden durfte. Die Untergebenen hatten das Recht zur Emigration, wenn sie mit der Religion des Fürsten nicht übereinstimmten.

DAS KONZIL VON TRIENT

78. Das Konzil von Trient (1545-1563), das eine Generation nach Luthers Reformen einberufen wurde, begann vor dem Schmalkaldischen Krieg (1546-1547) und endete nach dem Frieden von Augsburg (1555). Die Bulle *Laetare Jerusalem* (19. November 1544) benannte drei Hauptaufgaben für das Konzil: die Heilung der konfessionellen Trennung, die Reform der Kirche und die Wiederherstellung des Friedens, damit eine Verteidigung gegen die Ottomanen in die Wege geleitet werden könnte.

79. Das Konzil entschied, dass es bei jeder Sitzung ein Lehrdekret geben sollte, das den Glauben der Kirche bekräftigte, und ein die Disziplin betreffendes Dekret, das helfen sollte, die Kirche zu reformieren. In den meisten Fällen boten die dogmatischen Dekrete keine umfassende theologische Darlegung des Glaubens; vielmehr konzentrierten sie sich auf jene Lehren, die von den Reformatoren bestritten worden waren, und zwar unter Betonung der Unterschiede.

Schrift und Tradition

80. Das Konzil billigte am 8. April 1546 das Dekret über die Quellen der Offenbarung mit dem Ziel, »dass nach Aufhebung der Irrtümer des Evangeliums Reinheit selbst in der Kirche bewahrt werde«. Ohne es

ausdrücklich zu nennen, verwarf das Konzil das Prinzip *sola scriptura*, indem es gegen eine Isolierung der Schrift von der Tradition argumentierte. Das Konzil bestimmte, dass das Evangelium, »die Quelle aller heilsamen Wahrheit und Sittenlehre« bewahrt wurde »in geschriebenen Büchern und ungeschriebenen Überlieferungen«, ohne jedoch die Beziehung zwischen Schrift und Tradition zu klären. Ferner lehrte es, dass die Glauben und Sitten betreffenden apostolischen Traditionen »in beständiger Folge in der katholischen Kirche bewahrt« wurden. Schrift und Tradition sollten »mit dem gleichen Gefühl der Dankbarkeit und der gleichen Ehrfurcht« angenommen werden.[19]

81. Das Dekret enthielt eine Liste mit den kanonischen Büchern des Alten und Neuen Testaments. Das Konzil bestand darauf, dass die Heiligen Schriften weder gegen die Lehre der Kirche noch »gegen die einmütige Übereinstimmung der Väter«[20] ausgelegt werden dürfen. Schließlich erklärte das Konzil, dass die alte lateinische Vulgata-Ausgabe der Bibel der authentische Text für den Gebrauch in der Kirche sei.[21]

Rechtfertigung

82. Was die Rechtfertigung betrifft, verwarf das Konzil sowohl die pelagianische Lehre der Werkgerechtigkeit wie auch die Lehre von der Rechtfertigung aus Glauben allein (*sola fide*), wobei es »Glauben« vor allem als Zustimmung zur geoffenbarten Lehre verstand. Das Konzil bekräftigte die christologische Grundlage der Rechtfertigung, indem es betonte, dass die Menschen in Christus eingegliedert werden und dass die Gnade Christi für den ganzen Prozess der Rechtfertigung notwendig ist, auch wenn der Prozess Dispositionen für die Gnade oder die Mitwirkung des freien Willens nicht ausschließt. Es erklärte, dass das Wesen der Rechtfertigung nicht Sündenvergebung allein ist, sondern auch die »Heiligung und Erneuerung des inneren Menschen«[22] durch die übernatürliche Liebe. Die Formalursache der Rechtfertigung ist »die

---

[19] DH 1501 (Dekret über die Annahme der heiligen Bücher und der Überlieferungen; 4. Sitzung, 8. April 1546).
[20] DH 1507 (Dekret über die Vulgata-Ausgabe der Bibel und die Auslegungsweise der Heiligen Schrift; 4. Sitzung, 8. April 1546).
[21] DH 1506.
[22] DH 1528 (Dekret über die Rechtfertigung, Kap. VII; 6. Sitzung, 13. Januar 1547).

Gerechtigkeit Gottes, nicht (jene), durch die er selbst gerecht ist, sondern (die), durch die er uns gerecht macht«, und die Zweckursache ist »die Ehre Gottes und Christi sowie das ewige Leben«[23]. Der Glaube, so betonte das Konzil, ist Anfang, »Grundlage und Wurzel jeder Rechtfertigung«[24]. Die Gnade der Rechtfertigung kann durch eine Todsünde verloren werden und nicht nur durch den Verlust des Glaubens, während sie durch das Sakrament der Buße wieder gewonnen werden kann.[25] Das Konzil bekräftigte, dass das ewige Leben Gnade ist, nicht nur Lohn.[26]

Die Sakramente

83. Auf seiner 7. Sitzung legte das Konzil dar, dass die Sakramente die gewöhnlichen Mittel sind, »durch die jede wahre Gerechtigkeit entweder anfängt oder, wenn sie angefangen hat, vermehrt wird, oder, wenn sie verloren wurde, wiederhergestellt wird«[27]. Das Konzil erklärte, dass Christus sieben Sakramente eingesetzt habe, und verteidigte sie als wirksame Zeichen, die die Gnade durch ihren Vollzug als solchen verursachen (*ex opere operato*) und nicht einfach auf Grund des Glaubens des Empfängers.

84. Die Debatte über die Kommunion unter beiden Gestalten brachte die Lehre zum Ausdruck, dass unter jeder Gestalt der ganze und ungeteilte Christus empfangen wird.[28] Nach dem Abschluss des Konzils (16. April 1565) genehmigte der Papst den Laienkelch unter bestimmten Umständen für mehrere kirchlichen Provinzen in Deutschland und den habsburgischen Erblanden.

85. Als Antwort auf die reformatorische Kritik am Opfercharakter der Messe bekräftigte das Konzil die Messe als Sühnopfer, das das Kreuzesopfer gegenwärtig macht. Das Konzil lehrte, dass die Messe nicht

---

[23] DH 1529.
[24] DH 1532 (Dekret über die Rechtfertigung, Kap. VIII).
[25] DH 1542–1544 (Dekret über die Rechtfertigung, Kap. XIV–XV).
[26] DH 1545 (Dekret über die Rechtfertigung, Kap. XVI).
[27] DH 1600 (Dekret über die Sakramente; 7. Sitzung, 3. März 1547).
[28] DH 1729.1732 (Lehre und Kanones über die Kommunion, Kap. III und can. 2; 21. Sitzung, 16. Juli 1562).

eine Wiederholung des ein für allemal vollbrachten Opfers auf Golgatha ist, weil der Priester in der Messe die gleichen Opfergaben wie am Kreuz darbringt, jedoch in verschiedener Weise. Das Konzil bestimmte, dass die Messe zur Ehre der Heiligen und für lebende wie verstorbene Gläubige dargebracht werden kann.[29]

86. Das Dekret über die heiligen Weihen definierte den sakramentalen Charakter der Ordination und dass es eine kirchliche Hierarchie auf Grund göttlicher Anordnung gebe.[30]

Pastoralreformen

87. Das Konzil leitete auch Pastoralreformen in die Wege. Seine Reformdekrete förderten eine wirksamere Verkündigung des Wortes Gottes durch die Errichtung von Seminaren, um Priester besser auszubilden, und durch die Forderung, dass an Sonn- und Festtagen gepredigt werden müsse. Bischöfe und Priester wurden verpflichtet, in ihren Diözesen und Gemeinden zu wohnen. Das Konzil stellte einige Missbräuche in Fragen der Jurisdiktion, Ordination, Patronat, Pfründen und Ablässen zur selben Zeit ab, als es die bischöfliche Macht ausdehnte. Bischöfe wurden ermächtigt, Visitationen von exempten Gemeindepfründen vorzunehmen und Aufsicht über die pastorale Arbeit von exempten Orden und Kapiteln auszuüben. Es sah Provinzial- und Diözesansynoden vor. Um den Glauben besser kommunizieren zu können, unterstützte das Konzil die aufkommende Entstehung von Katechismen wie den des Petrus Canisius, und es traf Vorbereitungen für den Römischen Katechismus.

Konsequenzen

88. Auch wenn das Konzil von Trient in großem Maß eine Antwort auf die protestantische Reformation war, verurteilte es dennoch nicht Einzelne oder Gemeinschaften, sondern bestimmte Lehrauffassungen. Weil die Lehrdekrete weithin auf das, was man als protestantische Irrtümer ver-

---

[29] DH 1743.1753 (Lehre und Kanones über das Messopfer, Kap. II und can. 3; 22. Sitzung, 17. September 1562).
[30] DH 1766–1770 (Lehre und Kanones über das Sakrament der Weihe, Kap. III und IV; 23. Sitzung, 15. Juli 1563).

stand, antworteten, förderte das Konzil ein polemisches Verhältnis zwischen Evangelischen und Katholiken, das dahin tendierte, den Katholizismus im Gegensatz zum Protestantismus zu definieren. In diesem Ansatz verhielt es sich spiegelbildlich zu manchen lutherischen Bekenntnisschriften, die ihrerseits lutherische Positionen durch ihre Opposition bestimmten. Die Entscheidungen des Konzils von Trient legten die Grundlage für die Ausbildung der katholischen Identität bis zum Zweiten Vatikanischen Konzil.

89. Am Ende der dritten Periode musste das Konzil von Trient nüchtern feststellen, dass die Einheit der Kirche im Westen zerbrochen war. Neue Kirchenstrukturen entwickelten sich in den lutherischen Territorien. Der Augsburger Religionsfriede 1555 sicherte zunächst stabile politische Beziehungen, aber er konnte den großen europäischen Konflikt des 17. Jahrhunderts, den Dreißigjährigen Krieg (1618–1648), nicht verhindern. Die Ausbildung säkularer Nationalstaaten mit starken konfessionellen Abgrenzungen blieb eine Bürde, die aus der Reformationszeit geblieben ist.

Das Zweite Vatikanische Konzil

90. Während das Konzil von Trient die Beziehungen mit Lutheranern in großem Umfang für mehrere Jahrhunderte bestimmte, muss sein Erbe nunmehr von den Entscheidungen des Zweiten Vatikanischen Konzils (1962–1965) her gelesen werden. Dieses Konzil ermöglichte es der Katholischen Kirche, in die ökumenische Bewegung einzutreten und die polemisch aufgeladene Atmosphäre der nachreformatorischen Zeit hinter sich zu lassen. Die Dogmatische Konstitution über die Kirche (*Lumen gentium*), das Dekret über den Ökumenismus (*Unitatis redintegratio*), die Erklärung zur Religionsfreiheit (*Dignitatis humanae*) und die Dogmatische Konstitution über die göttliche Offenbarung (*Dei Verbum*) sind grundlegende Dokumente für den katholischen Ökumenismus. Während das Zweite Vatikanische Konzil betonte, dass die Kirche Christi in der Katholische Kirche subsistiert, erkannte es auch an, dass »außerhalb ihres Gefüges vielfältige Elemente der Heiligung und der Wahrheit zu finden sind, die als der Kirche eigene Gaben auf die katholische Einheit hindrängen« (LG 8). Es gab eine positive Würdigung dessen, was Katholiken mit anderen christlichen Kirchen teilen, wie die Glau-

bensbekenntnisse, die Taufe, die Heilige Schrift. Im Sinne einer Theologie der kirchlichen Gemeinschaft wurde betont, dass Katholiken in einer realen, wenn auch unvollkommenen Gemeinschaft mit allen, die Jesus Christus bekennen und getauft sind, stehen (UR 2).

Kapitel IV

Hauptthemen der Theologie Martin Luthers im Licht der lutherisch/römisch-katholischen Dialoge

91. Seit dem 16. Jahrhundert sind grundlegende Auffassungen Martin Luthers wie der lutherischen Theologie Gegenstand von Kontroversen zwischen Katholiken und Lutheranern. Diese Kontroversen wurden in ökumenischen Dialogen und in wissenschaftlicher Forschung untersucht. Zu ihrer Überwindung analysierte man die Unterschiede in den Terminologien, Denkstrukturen und den jeweiligen Anliegen; es zeigte sich, dass diese sich nicht notwendig wechselseitig ausschließen.

92. In diesem Kapitel stellen Katholiken und Lutheraner gemeinsam einige der wichtigsten Themen der Theologie Martin Luthers vor. Diese gemeinsame Beschreibung bedeutet nicht, dass die Katholiken mit allem übereinstimmen, was Martin Luther lehrte, so wie es hier dargestellt wird. Ökumenischer Dialog und das Bemühen um wechselseitiges Verstehen bleiben weiterhin notwendig. Trotzdem haben wir auf unserer ökumenischen Reise ein Stadium erreicht, das es uns ermöglicht, diese gemeinsame Darstellung zu geben.

93. Es ist wichtig, zwischen Luthers Theologie und der lutherischen Theologie und vor allem zwischen Luthers Theologie und der Lehre der lutherischen Kirchen, wie sie in den Bekenntnisschriften ihren Ausdruck findet, zu unterscheiden. Zwar ist letztere der primäre Bezugspunkt für die ökumenischen Dialoge. Dennoch ist es angemessen, sich an dieser Stelle anlässlich des Jahrhundertgedenkens an den 31. Oktober 1517 auf Luthers Theologie zu konzentrieren.

Die Struktur des IV. Kapitels

94. Das folgende Kapitel beschränkt sich auf vier Themen von Luthers Theologie: Rechtfertigung, Herrenmahl, Amt, Schrift und Tradition. Wegen ihrer Wichtigkeit für das Leben der Kirche und weil es um sie jahrhundertelang Kontroversen gegeben hat, wurden diese Themen in den lutherisch/römisch-katholischen Dialogen ausführlich erörtert. Die folgende Darstellung erntet die Früchte dieser Dialoge.

95. Die Erörterung jedes Themas geht in drei Schritten vor. Zuerst wird Luthers Auffassung von jedem der vier Themen dargestellt, gefolgt von einer kurzen Beschreibung der katholischen Anliegen, die das jeweilige Thema betreffen. Summarisch wird dann gezeigt, wie Luthers Theologie im ökumenischen Dialog ins Gespräch mit der katholischen Lehre gebracht wurde. Dieser Abschnitt zeigt auf, worin Übereinstimmung festgestellt wurde, und benennt noch bestehende Unterschiede.

96. Ein wichtiges Thema für die weitere Diskussion ist, wie wir die Konvergenzen in den Fragen, in denen wir noch unterschiedliche Schwerpunkte haben, vertiefen können, vor allem im Blick auf die Lehre von der Kirche.

97. Es ist wichtig festzustellen, dass nicht alle Dialogerklärungen zwischen Lutheranern und Katholiken das gleiche Maß an Konsens aufweisen; auch sind sie nicht alle in gleicher Weise von Katholiken und Lutheranern rezipiert worden. Den höchsten Grad von Autorität hat die *Gemeinsame Erklärung zur Rechtfertigungslehre*, die am 31. Oktober 1999 in Augsburg von Vertretern des Lutherischen Weltbunds und der Römisch-katholischen Kirche unterzeichnet worden ist und der im Jahr 2006 der Weltrat methodistischer Kirchen zugestimmt hat. Die Institutionen, die die Dialogkommissionen beauftragen, haben auch die Berichte anderer internationaler und nationaler Dialogkommissionen entgegengenommen; diese Berichte haben allerdings unterschiedliches Gewicht für Theologie und Leben der lutherischen und der katholischen Gemeinschaft. Die Kirchenleitungen teilen nun die bleibende Verantwortung dafür, die Ergebnisse der ökumenischen Dialoge zu würdigen und zu rezipieren.

MARTIN LUTHERS MITTELALTERLICHES ERBE

98. Martin Luther war tief im späten Mittelalter verwurzelt. Er konnte sich zu ihm zugleich rezeptiv oder kritisch-distanzierend verhalten wie auch über seine Theologien hinausführen. Im Jahr 1505 wurde er Bruder des Augustinereremitenordens in Erfurt und 1512 Professor der heiligen Theologie in Wittenberg. In dieser Position konzentrierte er seine theologische Arbeit vor allem auf die Auslegung der biblischen Schriften. Dieser Schwerpunkt auf der Heiligen Schrift war ganz in Übereinstimmung mit dem, was die Regeln des Augustinereremitenordens von einem Bruder erwarteten, nämlich die Bibel zu studieren und zu meditieren, nicht nur zum eigenen persönlichen Gewinn, sondern auch für den geistlichen Nutzen der Anderen. Die Kirchenväter, vor allem Augustin, spielten eine entscheidende Rolle für die Entwicklung und die endgültige Gestalt von Luthers Theologie. »Unsere Theologie und der heilige Augustin machen erwünschte Fortschritte«[31], schrieb er 1517, und in der »Heidelberger Disputation« nennt er Augustin den »treuesten Ausleger«[32] des Apostels Paulus. So war Luther tief in der patristischen Tradition verwurzelt.

MONASTISCHE UND MYSTISCHE THEOLOGIE

99. Während Luther gegenüber scholastischen Theologen eine vornehmlich kritische Haltung hatte, lebte, dachte und trieb er Theologie zwanzig Jahre lang als Augustinereremit und damit in der Tradition der monastischen Theologie. Einer der einflussreichsten monastischen Theologen war Bernhard von Clairvaux, den Luther hoch schätzte. Luthers Art, die Auslegung der Heiligen Schrift als Ort der Begegnung zwischen Gott und Mensch zu praktizieren, zeigt deutliche Parallelen zu Bernhards Weise der Auslegung der Heiligen Schrift.

100. Tief verwurzelt war Luther auch in der mystischen Tradition des späten Mittelalters. Er fand Hilfe bei den deutschen Predigten von Johannes Tauler (gest. 1361) und fühlte sich von ihnen verstanden. Außerdem

---

[31] WA Br 1; 99,8 (an Johann Lang am 18. Mai 1517).
[32] WA 1; 353,14.

hat Luther selbst im Jahr 1518 einen mystischen Text, den ein unbekannter Autor verfasst hatte, die *Theologia Deutsch*, veröffentlicht. Dieser Text fand weite Verbreitung; durch Luthers Veröffentlichung wurde er sehr bekannt.

101. Während seines ganzen Lebens war Luther seinem Ordensvorgesetzten Johann von Staupitz und seiner christozentrischen Theologie dankbar; sie hatte ihn in seinen Anfechtungen getröstet. Staupitz war ein Repräsentant der Brautmystik. Immer wieder anerkannte Luther dessen hilfreichen Einfluss, etwa wenn er sagte:»Staupitz hat die Lehre angefangen«[33], oder wenn er ihn pries als»meinen Vater in dieser Lehre, der mich geboren hat in Christus«[34]. Im späten Mittelalter entstand eine Theologie für Laien. Diese *Frömmigkeitstheologie* reflektierte das christliche Leben in praktischen Begriffen und zielte auf die Praxis der Frömmigkeit. Luther war durch diese Theologie angeregt, eigene Traktate für die Laien zu schreiben. Er nahm viele ihrer Themen auf, aber er erörterte sie auf seine eigene Weise.

RECHTFERTIGUNG

LUTHERS VERSTÄNDNIS DER RECHTFERTIGUNG

102. Luther gewann eine seiner grundlegenden reformatorischen Einsichten aus der Besinnung auf das Bußsakrament, vor allem mit Bezug auf Matthäus 16,19. In seiner spätmittelalterlichen Ausbildung war ihm das Verständnis vermittelt worden, dass Gott einem Menschen vergibt, wenn dieser seine Sünde in einem Akt der Liebe zu Gott über alles bereut. Auf einen solchen Akt würde Gott damit antworten, dass er dem Menschen seine Gnade und Vergebung von Neuem schenkt gemäß seinem Bund (*pactum*), der den Inhalt hat:»Dem, der tut, was in seinen Möglichkeiten steht, wird Gott seine Gnade nicht verweigern«[35]. Der Priester kann also nur erklären, dass Gott die Sünde des Büßenden bereits vergeben hat. Luther erkannte jedoch, dass Matthäus 16 genau

---

[33] WA TR 1; 245,12 (Frühjahr 1533).
[34] WA Br 11; 67,7f. (an Kurfürst Johann Friedrich am 27. März 1545).
[35] »Facienti quod in se est Deus non denegat gratiam.«

das Gegenteil sagt, nämlich dass der Priester dem Büßenden die Gerechtigkeit zuspricht und dass der Sünder durch diesen Akt im Namen Gottes tatsächlich gerecht wird.

Das Wort Gottes als Zusage

103. Luther verstand die Worte Gottes als Worte, die schaffen, was sie sagen, und die den Charakter der Zusage (*promissio*) haben. Ein solches Wort der Zusage wird an einem besonderen Ort und zu einer besonderen Zeit von einer bestimmten Person zu einer bestimmten anderen Person gesprochen. Eine göttliche Zusage zielt auf den Glauben der betreffenden Person. Der Glaube umgekehrt ergreift, was zugesagt ist, als dem Glaubenden persönlich zugesagt. Luther bestand darauf, dass ein solcher Glaube die allein angemessene Antwort auf ein Wort göttlicher Zusage ist. Der Mensch ist aufgerufen, von sich selbst wegzusehen und allein auf das Wort von Gottes Zusage zu blicken und völlig darauf zu vertrauen. Weil der Glaube seinen Grund in der Zusage Christi hat, schenkt er dem Glaubenden volle Gewissheit seines Heils. Diesem Wort nicht zu vertrauen, würde bedeuten, Gott zu einem Lügner zu machen, oder zu einem, auf dessen Wort man sich zuletzt nicht verlassen kann. Darum ist der Unglaube in Luthers Sicht die größte Sünde gegen Gott.

104. Die Relation zwischen Zusage und Vertrauen strukturiert nicht nur die Dynamik zwischen Gott und dem Büßenden im Bußsakrament, sondern auch die Beziehung zwischen Gott und dem Menschen überhaupt in der Verkündigung des Wortes. Gott will mit den Menschen nicht anders umgehen als mit Worten der Zusage – auch Sakramente sind solche Worte der Zusage –, die Gottes rettenden Willen ihnen gegenüber zeigen. Umgekehrt sollen Menschen mit Gott nicht anders umgehen als im Vertrauen auf seine Zusagen. Der Glaube ist völlig von Gottes Zusagen abhängig; er kann den Gegenstand, in den Menschen ihr Vertrauen setzen, nicht selbst schaffen.

105. Das Vertrauen in Gottes Zusage ist freilich kein Gegenstand menschlicher Entscheidung; vielmehr offenbart der Heilige Geist diese Zusage als vertrauenswürdig und schafft so den Glauben in einem Menschen. Zusage Gottes und Vertrauen des Menschen gehören zusammen. Beide Aspekte müssen betont werden: die »Objektivität« der Zusage und die »Subjektivität« des Glaubens. Luther zufolge offenbart Gott nicht nur

göttliche Realitäten als Information, denen der Intellekt zustimmen muss; Gottes Offenbarung hat immer auch eine soteriologische Zielsetzung, die auf das Vertrauen und das Heil der Glaubenden gerichtet ist; sie empfangen die Zusagen, die Gott »für dich« gibt, als Worte Gottes »für mich« (*pro me*) oder »für uns« (*pro nobis*).

106. Gottes eigene Initiative begründet die heilvolle Beziehung zum Menschen; darum geschieht Rettung aus Gnade. Das Geschenk der Gnade kann nur empfangen werden, und weil dieses Geschenk durch die göttliche Zusage vermittelt ist, kann es nicht anders als im Glauben empfangen werden und nicht durch Werke. Rettung geschieht *aus Gnade allein*. Gleichwohl betont Luther unaufhörlich, dass der gerechtfertigte Mensch im Heiligen Geist gute Werke tut.

Allein durch Christus

107. Gottes Liebe zu den Menschen hat ihr Zentrum, ihre Wurzel und ihre Verkörperung in Jesus Christus. Darum wird das »allein aus Gnade« immer erläutert mit dem »allein durch Christus«. Luther beschreibt die Beziehung der menschlichen Person zu Christus mit dem Bild der geistlichen Ehe. Die Seele ist die Braut, Christus der Bräutigam, der Glaube ist der Ehering. Den Ehegesetzen entsprechend wird das, was dem Bräutigam gehört (die Gerechtigkeit), zum Besitz der Braut, und das, was der Braut gehört (die Sünde), wird zum Besitz des Bräutigams. Dieser »fröhliche Wechsel« ist Vergebung der Sünden und Heil.

108. Das Bild zeigt, dass etwas Äußeres, nämlich die Gerechtigkeit Christi, zu etwas Innerem wird. Sie wird Eigentum der Seele, aber nur in der Gemeinschaft mit Christus durch das Vertrauen in seine Verheißungen, nicht unabhängig von ihm. Luther besteht darauf, dass unsere Gerechtigkeit etwas ganz Äußeres ist, weil sie Christi Gerechtigkeit ist, aber sie muss zu etwas gänzlich Innerem werden durch den Glauben an Christus. Nur wenn beide Seiten in gleichem Maß betont werden, wird die Wirklichkeit des Heils zureichend verstanden. Luther stellt fest: »Im Glauben selbst ist Christus gegenwärtig«[36]. Christus ist »für uns« (*pro nobis*) und in uns (*in nobis*), und wir sind in Christus (*in Christo*).

---

[36] WA 40/I; 229,15 (Galater-Vorlesung; 1535): »in ipsa fide Christus adest« .

Die Bedeutung des Gesetzes

109. Luther hat andererseits die Wirklichkeit des Menschen mit Bezug auf das Gesetz in seiner theologischen oder geistlichen Bedeutung wahrgenommen, also aus der Perspektive dessen, was Gott von uns fordert. Jesus bringt den Willen Gottes zum Ausdruck, wenn er sagt: »Du sollst den Herrn, deinen Gott, lieben von ganzem Herzen und mit deiner ganzen Seele und mit deinem ganzen Verstand« (Matthäus 22,37). Das bedeutet, dass die Gebote Gottes nur erfüllt werden in einer völligen Hingabe an Gott. Das schließt nicht nur den Willen und die entsprechenden äußeren Handlungen ein, sondern alle Aspekte der menschlichen Seele und des menschlichen Herzens wie Gefühle, Verlangen, Streben, also auch jene Aspekte der Seele, die entweder nicht unter der Kontrolle des Willens sind oder nur indirekt und teilweise durch die Tugenden.

110. Im Bereich von Recht und Moral gibt es eine alte Regel, die intuitiv evident ist, dass niemand verpflichtet sein kann, mehr zu tun, als er oder sie zu tun in der Lage ist (*ultra posse nemo obligatur*). Darum waren im Mittelalter viele Theologen überzeugt, dass das Gebot der Gottesliebe auf den Willen begrenzt werden muss. Nach diesem Verständnis fordert das Gebot der Gottesliebe nicht, dass alle Bewegungen der Seele auf Gott gerichtet und ihm hingegeben sein müssen. Es ist vielmehr ausreichend, dass der Wille Gott über alles liebt (das heißt: will) (*diligere deum super omnia*).

111. Luther argumentierte jedoch, dass es einen Unterschied zwischen einem rechtlichen und moralischen Verständnis des Gesetzes auf der einen Seite und einem theologischen Verständnis auf der anderen Seite gibt. Gott hat seine Gebote nicht den Bedingungen des gefallenen Menschen angepasst, vielmehr zeigt das theologisch verstandene Gebot der Gottesliebe die Situation und das Elend der Menschen. So schrieb Luther in der »Disputation gegen die scholastische Theologie«: »Geistlich verstanden tötet, bricht die Ehe oder stiehlt jemand [nur dann] nicht, wenn er weder zornig ist noch ein Begehren hat«[37]. In dieser Hinsicht wird das göttliche Gesetz nicht in erster Linie durch äußerliche Hand-

---

[37] WA 1; 227,17f. (Disputation gegen die scholastische Theologie; 1517).

lungen oder Akte des Willens erfüllt, sondern durch die Hingabe der ganzen Person an den Willen Gottes.

Teilhabe an der Gerechtigkeit Christi

112. Luthers Auffassung, dass Gott bei der Erfüllung des Gesetzes die ganzheitliche Hingabe an ihn erwartet, macht verständlich, warum Luther so energisch betonte, dass wir gänzlich von der Gerechtigkeit Christi abhängig sind. Christus ist der Einzige, der Gottes Willen völlig erfüllte, während alle anderen Menschen in einem strengen, das heißt theologischen Sinn nur so gerecht werden können, dass sie an der Gerechtigkeit Christi teilhaben. Darum ist unsere Gerechtigkeit etwas Äußeres, sofern es *Christi* Gerechtigkeit ist, aber sie muss *unsere* Gerechtigkeit werden, das heißt etwas Inneres, durch den Glauben an die Zusage Christi. Nur durch Teilhabe an der ganzheitlichen Hingabe Christi an Gott können wir ganz gerecht werden.

113. Weil das Evangelium uns verspricht: »Hier ist Christus und sein Geist«, vollzieht sich die Teilhabe an der Gerechtigkeit Christi nie, ohne dass wir unter der Macht des Heiligen Geistes sind, der uns erneuert. So sind Gerechtwerden und Erneuertwerden innerlich und untrennbar verbunden. Luther kritisierte zeitgenössische Theologen wie Gabriel Biel nicht, weil sie die verändernde Macht der Gnade zu stark betonten; im Gegenteil, er wandte ein, dass sie diese nicht stark genug betonten als Grundlage für jede wirkliche Veränderung im Glaubenden.

Gesetz und Evangelium

114. Diese Veränderung kommt Luther zufolge in unserem Leben nicht zur Vollendung. Darum wurde für ihn ein anderes Modell, das Heil des Menschen zu erläutern, wichtig. Es stammt vom Apostel Paulus. In Römer 4,3 bezieht sich Paulus auf Abraham, von dem in Genesis 15,6 gesagt wird: »Abraham glaubte Gott, und es war ihm zur Gerechtigkeit gerechnet«. Paulus schließt: »Dem aber, der keine Werke tut, sondern an den glaubt, der den Gottlosen gerecht macht, dem wird sein Glaube als Gerechtigkeit angerechnet« (Römer 4,5).

115. Dieser Text aus dem Römerbrief enthält ein Bild aus dem Bereich des Forensischen: Jemand wird vor einem Gericht für gerecht erklärt. Wenn Gott jemanden gerecht erklärt, dann verändert das seine oder ihre Situation und schafft eine neue Wirklichkeit. Gottes Urteil bleibt nicht »außerhalb« des Menschen. Luther gebraucht dieses paulinische Modell oft, um zu betonen, dass die ganze Person von Gott angenommen und gerettet ist, auch wenn der Prozess der inneren Erneuerung des Menschen hin zu einer Person, die Gott ganz hingegeben ist, in diesem irdischen Leben nicht zum Ende kommen wird.

116. Als Glaubende, die im Prozess der Erneuerung durch den Heiligen Geist sind, erfüllen wir das Gebot Gottes, ihn mit ganzem Herzen zu lieben, noch nicht völlig; daher werden wir der Forderung Gottes nicht gerecht. Darum wird uns das Gesetz anklagen und als Sünder identifizieren. Mit Bezug auf das theologisch verstandene Gesetz glauben wir, dass wir noch Sünder sind. Aber mit Bezug auf das Evangelium, das uns verheißt: »Hier ist Christi Gerechtigkeit«, sind wir gerecht und gerechtfertigt, weil wir der Zusage des Evangeliums glauben. Das ist Luthers Verständnis des Christen, der zugleich Gerechter und doch Sünder ist (*simul iustus et peccator*).

117. Hier handelt es sich nicht um einen Widerspruch, denn wir müssen zwei Relationen des Glaubenden zum Wort Gottes unterscheiden: die Relation zum Wort Gottes als Gesetz Gottes, insofern es den Sünder verurteilt, und die Relation zum Wort Gottes als dem Evangelium Gottes, insofern Christus uns erlöst. Mit Bezug auf die erste Relation sind wir Sünder, mit Bezug auf die zweite gerecht und gerechtfertigt. Die zweite Relation ist die die andere überragende. Das heißt, dass uns Christus in einen Prozess der dauernden Erneuerung führt, wenn wir seiner Zusage, dass wir in Ewigkeit gerettet sind, trauen.

118. Hier liegt der Grund, warum Luther die Freiheit des Christen so stark betont hat: die Freiheit, von Gott aus Gnade allein und allein durch den Glauben an die Zusagen Christi angenommen zu sein; die Freiheit von der Anklage des Gesetzes durch die Vergebung der Sünden, und die Freiheit, dem Nächsten spontan zu dienen, ohne Verdienste zu suchen. Der gerechtfertigte Mensch ist natürlich verpflichtet, Gottes Gebote zu erfüllen, und er wird das tun unter dem Antrieb durch den Heiligen Geist. So hat Luther im Kleinen Katechismus erklärt: »Wir sollen Gott

fürchten und lieben, dass ...«, und dann folgen die Erläuterungen der Zehn Gebote.[38]

KATHOLISCHE ANLIEGEN IM BLICK AUF DIE RECHTFERTIGUNG

119. Sogar im 16. Jahrhundert gab es eine beachtliche Konvergenz zwischen den lutherischen und katholischen Auffassungen hinsichtlich der Notwendigkeit von Gottes Gnade und der Unfähigkeit, das Heil aus eigenen Kräften zu erlangen. Das Konzil von Trient lehrte unzweideutig, dass der Sünder weder durch das Gesetz noch durch menschliche Anstrengungen gerechtfertigt wird. Es belegte mit dem Anathema jeden, der sagte, »der Mensch könne durch seine Werke, die durch die Kräfte der menschlichen Natur oder vermittels der Lehre des Gesetzes getan werden, ohne die göttliche Gnade durch Christus Jesus vor Gott gerechtfertigt werden«[39].

120. Katholiken fanden jedoch einige von Luthers Auffassungen beunruhigend. Einiges an Luthers Sprache weckte in ihnen die Sorge, dass er die personale Verantwortung des Menschen für seine Handlungen leugnete. Das erklärt, warum das Konzil von Trient die Verantwortung der menschlichen Person und ihre Fähigkeit zum Mitwirken mit der göttlichen Gnade betonte. Katholiken unterstrichen, dass der Gerechtfertigte in die Entfaltung der Gnade in seinem Leben mit einbezogen werden sollte. Darum tragen menschliche Anstrengungen im Gerechtfertigten zu einem intensiveren Wachstum in der Gnade und in der Gemeinschaft mit Gott bei.

121. Darüber hinaus schien nach der katholischen Lesart Luthers Auffassung von der forensischen Anrechnung die schöpferische Kraft von Gottes Gnade, Sünde zu überwinden und den Gerechtfertigten zu verwandeln, zu verneinen. Katholiken wollten nicht nur die Sündenvergebung betonen, sondern auch die Heiligung des Sünders. Darum erhält der Christ in der Heiligung jene »Gerechtigkeit Gottes«, durch die uns Gott gerecht macht.

---

[38] Vgl. Luther, Kleiner Katechismus (BSLK 507,34–510,24).
[39] DH 1551.

Lutherisch-katholischer Dialog über die Rechtfertigung

122. Luther und die anderen Reformatoren verstanden die Lehre von der Rechtfertigung des Sünders als den »ersten und Hauptartikel«[40] und »Lenker und Richter über alle Teile der christlichen Lehre«[41]. Das ist der Grund, warum die Trennung in dieser Frage so schwerwiegend war und warum die Arbeit an ihrer Überwindung ein Gegenstand von höchster Priorität für die katholisch-lutherischen Beziehungen wurde. In der zweiten Hälfte des 20. Jahrhunderts war diese Kontroverse Gegenstand umfangreicher Untersuchungen durch einzelne Theologen und eine Anzahl von nationalen und internationalen Dialogen.

123. Die Ergebnisse dieser Untersuchungen und Dialoge wurden in der *Gemeinsamen Erklärung zur Rechtfertigungslehre* zusammengefasst und 1999 mit dieser *Erklärung* offiziell durch die Römisch-katholische Kirche und den Lutherischen Weltbund rezipiert. Die folgende Darstellung stützt sich auf diese Erklärung, die einen differenzierenden Konsens bietet, der gemeinsame Aussagen zusammen mit unterschiedlichen Schwerpunkten jeder Seite enthält. Dabei wird der Anspruch erhoben, dass die Unterschiede diese Gemeinsamkeiten nicht entwerten. Es handelt sich also um einen Konsens, der Unterschiede nicht ausschließt, sondern ausdrücklich einschließt.

Allein durch Gnade

124. Gemeinsam bekennen Katholiken und Lutheraner: »Allein aus Gnade im Glauben an die Heilstat Christi, nicht auf Grund unseres Verdienstes werden wir von Gott angenommen und empfangen den Heiligen Geist, der unsere Herzen erneuert und uns befähigt und aufruft zu guten Werken« (GE 15). Der Ausdruck »allein aus Gnade« wird folgendermaßen weiter erklärt: »die Botschaft von der Rechtfertigung […] sagt uns, dass wir Sünder unser neues Leben allein der vergebenden und neuschaffenden Barmherzigkeit Gottes verdanken, die wir uns nur schenken lassen und im Glauben empfangen, aber nie – in welcher Form auch immer – verdienen können« (GE 17).

---

40 Schmalkaldische Artikel II,1 (BSLK 415,6).
41 WA 39/I; 205,2 f. (Promotionsdisputation von Palladius und Tilemann; 1537).

125. In diesem Rahmen können die Grenzen und die Würde der menschlichen Freiheit bestimmt werden. Der Ausdruck »allein aus Gnade« wird mit Bezug auf die Bewegung des Menschen zum Heil so ausgelegt: »Wir bekennen gemeinsam, dass der Mensch im Blick auf sein Heil völlig auf die rettende Gnade Gottes angewiesen ist. Die Freiheit, die er gegenüber den Menschen und den Dingen der Welt besitzt, ist keine Freiheit auf sein Heil hin.« (GE 19)

126. Wenn Lutheraner betonen, dass ein Mensch die Rechtfertigung nur empfangen kann, wollen sie damit »jede Möglichkeit eines eigenen Beitrags des Menschen zu seiner Rechtfertigung [verneinen], nicht aber sein volles personales Beteiligtsein im Glauben, das vom Wort Gottes selbst gewirkt wird« (GE 21).

127. Wenn Katholiken über die Vorbereitung auf die Gnade mit Hilfe des Begriffs der Mitwirkung sprechen, meinen sie damit eine »personale Zustimmung« des Menschen, die »selbst eine Wirkung der Gnade und kein Tun des Menschen aus eigenen Kräften« ist. Darum heben sie nicht die gemeinsame Aussage auf, dass der Sünder »unfähig [ist], sich von sich aus Gott um Rettung zuzuwenden oder seine Rechtfertigung zu verdienen oder mit eigener Kraft sein Heil zu erreichen. Rechtfertigung geschieht allein aus Gnade.« (GE 19)

128. Weil Glaube nicht nur als mit Zustimmung verbundenes Wissen verstanden wird, sondern als Vertrauen des Herzens, das sich auf das Wort Gottes gründet, kann weiter gemeinsam gesagt werden: »Rechtfertigung geschieht ›allein durch Gnade‹ (GE 15 und 16), allein durch Glauben, der Mensch wird ›unabhängig von Werken‹ gerechtfertigt (Röm 3,28; vgl. GE 25)« (GE, Annex 2C).

129. Was oft auseinandergerissen und der einen oder der anderen Konfession zugeschrieben wird, nicht aber beiden, wird jetzt in einem organischen Zusammenhang verstanden: »Wenn der Mensch an Christus im Glauben teilhat, rechnet ihm Gott seine Sünde nicht an und wirkt in ihm tätige Liebe durch den Heiligen Geist. Beide Aspekte des Gnadenhandelns Gottes dürfen nicht voneinander getrennt werden.« (GE 22)

Glaube und gute Werke

130. Es ist wichtig, dass Lutheraner und Katholiken ein gemeinsames Verständnis des Zusammenhangs von Glaube und Werken haben: »Der Mensch vertraut im rechtfertigenden Glauben auf Gottes gnädige Verheißung, in dem die Hoffnung auf Gott und die Liebe zu ihm eingeschlossen sind. Dieser Glaube ist in der Liebe tätig; darum kann und darf der Christ nicht ohne Werke bleiben.« (GE 25) Daher bekennen die Lutheraner auch die schöpferische Macht von Gottes Gnade, die »alle Dimensionen der Person [betrifft] und [...] zu einem Leben in Hoffnung und Liebe« führt (GE 26). »Rechtfertigung allein durch Glauben« und »Erneuerung« müssen unterschieden, dürfen aber nicht getrennt werden.

131. Zugleich gilt: »Aber alles, was im Menschen dem freien Geschenk des Glaubens vorausgeht und nachfolgt, ist nicht Grund der Rechtfertigung und verdient sie nicht« (GE 25). Das ist der Grund dafür, dass die schöpferische Wirkung, die Katholiken der rechtfertigenden Gnade zuschreiben, nicht als eine Qualität ohne Bezug zu Gott verstanden wird oder als »Besitz des Menschen, auf den er sich Gott gegenüber berufen könnte« (GE 27). Vielmehr berücksichtigt diese Sicht, dass die Gerechten in der neuen Beziehung zu Gott verwandelt und zu Kindern Gottes, die in einer neuen Gemeinschaft mit Christus leben, gemacht werden: »Dieses neue personale Verhältnis zu Gott gründet ganz und gar in der Gnädigkeit Gottes und bleibt stets vom heilsschöpferischen Wirken des gnädigen Gottes abhängig, der sich selbst treu bleibt und auf den der Mensch sich darum verlassen kann.« (GE 27)

132. Zu der Frage der guten Werke stellen Katholiken und Lutheraner gemeinsam fest: »Wir bekennen zugleich, dass die Gebote Gottes für den Gerechtfertigten in Geltung bleiben und dass Christus in seinem Wort und Leben den Willen Gottes, der auch für den Gerechtfertigten Richtschnur seines Handelns ist, zum Ausdruck bringt.« (GE 31) Jesus selbst wie auch die apostolischen Schriften ermahnen »den Christen, Werke der Liebe zu vollbringen«, gute Werke, die »der Rechtfertigung folgen und Früchte der Rechtfertigung sind« (GE 37). Damit der verpflichtende Anspruch der Gebote nicht missverstanden wird, wird gesagt: »Wenn Katholiken betonen, dass der Gerechtfertigte zur Beobachtung der Gebote Gottes gehalten ist, so verneinen sie damit nicht, dass die Gnade

des ewigen Lebens den Kindern Gottes durch Jesus Christus erbarmungsvoll verheißen ist« (GE 33).

133. Beide, Lutheraner und Katholiken, können den Wert der guten Werke für die Vertiefung der Gemeinschaft mit Christus (vgl. GE 38f.) anerkennen, auch wenn Lutheraner betonen, dass die Gerechtigkeit als Annahme durch Gott und Anteilhabe an der Gerechtigkeit Christi immer ganz ist. Der kontroverse Begriff des Verdienstes wird so erklärt: »Wenn Katholiken an der ›Verdienstlichkeit‹ der guten Werke festhalten, so wollen sie sagen, dass diesen Werken nach dem biblischen Zeugnis ein Lohn im Himmel verheißen ist. Sie wollen die Verantwortung des Menschen für sein Handeln herausstellen, damit aber nicht den Geschenkcharakter der guten Werke bestreiten, geschweige denn verneinen, dass die Rechtfertigung selbst stets unverdientes Gnadengeschenk bleibt.« (GE 38)

134. Im Blick auf die viel diskutierte Frage der menschlichen Kooperation formuliert der Annex zur *Gemeinsamen Erklärung zur Rechtfertigungslehre* die gemeinsame Position in höchst bemerkenswerter Weise mit einem Zitat aus den lutherischen Bekenntnisschriften: »Gottes Gnadenwirken schließt das Handeln des Menschen nicht aus: Gott wirkt alles, das Wollen und Vollbringen, daher sind wir aufgerufen, uns zu mühen (vgl. Phil 2,12f.). ›... alsbald der Heilige Geist, wie gesagt, durchs Wort und heilige Sakrament solch sein Werk der Wiedergeburt und Erneuerung in uns angefangen hat, so ist es gewiss, dass wir durch die Kraft des Heiligen Geists mitwirken können und sollen ...‹ (FC SD II,64f., BSLK 897,37ff.).« (Annex 2C)[42]

Simul iustus et peccator

135. In der Debatte über die Unterschiede mit Bezug auf die Aussage, dass ein Christ »zugleich Gerechtfertigter und Sünder« sei, hat sich gezeigt, dass die beiden Seiten nicht genau dasselbe unter den Begriffen »Sünde«, »Begierde« und »Gerechtigkeit« verstehen. Um zu einem Konsens zu kommen, ist es notwendig, sich nicht allein auf die Formulie-

---

[42] Hier zitiert der Annex zur Gemeinsamen Erklärung zur Rechtfertigungslehre die lutherische Bekenntnisschrift Formula Concordiae. Solida Declaratio (vgl. BSLK 829–1100, hier: 897,37ff.).

rung zu konzentrieren, sondern auch auf den Inhalt. Mit Römer 6,12, und 2 Korinther 5,17, sagen Katholiken und Lutheraner, dass im Christen die Sünde nicht regieren darf und sollte. Weiter erklären sie mit 1 Johannes 1,8–10, dass Christen nicht ohne Sünde sind. Sie sprechen von der »Gottwidrigkeit des selbstsüchtigen Begehrens des alten Menschen« auch im Gerechtfertigten, die einen »lebenslangen Kampf« dagegen notwendig macht (GE 28).

136. Diese Neigung entspricht »nicht dem ursprünglichen Plan Gottes vom Menschen« und ist »objektiv Gottwidrigkeit« (GE 30), wie Katholiken sagen. Weil Sünde für sie den Charakter eines Aktes hat, sprechen Katholiken hier nicht von Sünde, während Lutheraner in der Gott widersprechenden Neigung die Weigerung, sich selbst Gott ganz hinzugeben, und damit Sünde sehen. Aber beide betonen, dass diese Gott widersprechende Tendenz den Gerechtfertigten nicht von Gott trennt.

Heilsgewissheit

137. Kardinal Cajetan kam nach dem Studium von Schriften Luthers im Rahmen seines eigenen theologischen Systems zu dem Schluss, dass Luthers Verständnis der Glaubensgewissheit die Gründung einer neuen Kirche impliziere. Der katholisch-lutherische Dialog hat die unterschiedlichen Denkformen Cajetans und Luthers, die zu ihrem gegenseitigen Missverständnis führten, genau bestimmt. Heute kann gesagt werden: »Katholiken können das Anliegen der Reformatoren teilen, den Glauben auf die objektive Wirklichkeit der Verheißung Christi zu gründen, von der eigenen Erfahrung abzusehen und allein auf Christi Verheißungswort zu vertrauen (vgl. Mt 16,19; 18,18).« (GE 36)

Fazit

138. Lutheraner und Katholiken haben wechselseitig die Lehren der je anderen Konfession verworfen. Darum enthält der differenzierende Konsens, wie ihn die *Gemeinsame Erklärung zur Rechtfertigungslehre* repräsentiert, einen Doppelaspekt. Auf der einen Seite beansprucht die Erklärung, dass die wechselseitigen Verwerfungen, wie sie die katholische und lutherische Lehre enthalten, die je andere Konfession nicht treffen. Auf der anderen Seite bekräftigt die Erklärung positiv einen Konsens in den Grundwahrheiten der Rechtfertigungslehre: »Das in

dieser Erklärung dargelegte Verständnis der Rechtfertigungslehre zeigt, dass zwischen Lutheranern und Katholiken ein Konsens in Grundwahrheiten der Rechtfertigungslehre besteht.« (GE 40)

139. Im Licht dieses Konsenses sind die »verbleibenden Unterschiede in der Sprache, der theologischen Ausgestaltung und der Akzentsetzung des Rechtfertigungsverständnisses tragbar [...]. Deshalb sind die lutherische und die römisch-katholische Entfaltung des Rechtfertigungsglaubens in ihrer Verschiedenheit offen aufeinander hin und heben den Konsens in den Grundwahrheiten nicht wieder auf.« (GE 40) »Damit erscheinen auch die Lehrverurteilungen des 16. Jahrhunderts, soweit sie sich auf die Lehre von der Rechtfertigung beziehen, in einem neuen Licht: Die in dieser Erklärung vorgelegte Lehre der lutherischen Kirchen wird nicht von den Verurteilungen des Trienter Konzils getroffen. Die Verwerfungen der lutherischen Bekenntnisschriften treffen nicht die in dieser Erklärung vorgelegte Lehre der römisch-katholischen Kirche.« (GE 41) Das ist eine höchst bemerkenswerte Antwort auf die Konflikte um diese Lehre, die beinahe ein halbes Jahrtausend andauerten.

Eucharistie

140. Für Lutheraner wie für Katholiken ist das Herrenmahl ein kostbares Geschenk, in dem Christen Nahrung und Trost für sich finden und in dem die Kirche immer neu versammelt und auferbaut wird. Darum sind die Kontroversen um dieses Sakrament so schmerzvoll.

Luthers Verständnis des Herrenmahls

141. Luther verstand das Sakrament des Herrenmahls als *testamentum*, als Verheißung eines Menschen, der dabei ist zu sterben, wie sich das von der lateinischen Form der Einsetzungsworte her ergibt. Zuerst verstand Luther die Verheißung Christi (*testamentum*) als Zusage der Gnade und Vergebung der Sünden. Die Debatte mit Huldrych Zwingli veranlasste ihn, noch stärker seinen Glauben zu betonen, dass Christus sich selbst gibt, nämlich seinen Leib und sein Blut, die wirklich gegenwärtig sind. Der Glaube macht Christus nicht gegenwärtig; es ist Christus, der sich selbst, seinen Leib und sein Blut, den Kommunikanten gibt, ob sie das glauben oder nicht. Daher beruhte Luthers Widerspruch gegen die

kirchliche Lehre seiner Zeit nicht darauf, dass er die Realpräsenz Jesu Christi geleugnet hätte. Sein Einwand betraf vielmehr die Frage, wie der »Wandel« im Herrenmahl zu verstehen sei.

Realpräsenz Christi

142. Das Vierte Laterankonzil (1215) gebrauchte dafür das Verb *transsubstantiare*, das eine Unterscheidung von Substanz und Akzidenzien impliziert.[43] Auch wenn Luther darin eine mögliche Erklärung für das Geschehen des Herrenmahls sah, konnte er nicht erkennen, dass diese philosophische Deutung für alle Christen bindend sein sollte. In jedem Fall betonte Luther selbst die Realpräsenz Christi im Sakrament nachdrücklich.

143. Luther sah Christi Leib und Blut gegenwärtig »in, mit und unter« den Gestalten von Brot und Wein. Es ereignet sich ein Austausch der Eigenschaften (*communicatio idiomatum*) von Christi Leib und Blut und den Elementen von Brot und Wein. Das schafft eine sakramentale Einheit zwischen dem Brot und Christi Leib und dem Wein und Christi Blut. Diese neue Art der Einheit, bestimmt durch den Austausch der Eigenschaften, wird analog zu der Einheit der göttlichen und menschlichen Natur in Christus gedacht. Luther verglich diese sakramentale Einheit auch mit der Einheit von Eisen und Feuer im feurigen Eisen.

144. Als Konsequenz seines Verständnisses der Einsetzungsworte (»Trinket alle daraus«, Mt 26,27) kritisierte Luther, dass Laien verboten wurde, die Kommunion unter beiden Gestalten, Brot und Wein, zu empfangen. Er begründete seine Position nicht mit dem Argument, dass die Laien dann nur »den halben Christus« empfingen; vielmehr hielt er daran fest, dass sie auch unter einer Gestalt den ganzen oder vollen Christus empfangen. Angesichts der Deutlichkeit der Einsetzungsworte bestritt Luther der Kirche jedoch die Vollmacht, den Laien die Gestalt des Weines zu entziehen. Katholiken erinnern Lutheraner daran, dass die Einführung der Praxis der Kommunion unter einer Gestalt vor allem durch pastorale Gründe motiviert war.

---

[43] DH 802.

145. Luther verstand das Herrenmahl auch als gemeinschaftliches Ereignis, als wirkliches Mahl, in dem die gesegneten Elemente konsumiert und nicht nach der Kommunion aufbewahrt werden sollten. Er drängte darauf, alle Elemente zu konsumieren, damit die Frage der Dauer von Christi Gegenwart gar nicht aufkommen würde.[44]

Eucharistisches Opfer

146. Luthers Haupteinwand gegen die katholische Eucharistielehre richtete sich gegen das Verständnis der Messe als Opfer. Die Theologie der Eucharistie als Realgedächtnis (*anamnesis*), in dem das eine und ein für allemal genugsame Opfer Christi (Hebr 9,1–10,18) sich selbst für die Teilnahme der Gläubigen gegenwärtig macht, wurde im späten Mittelalter nicht mehr voll verstanden. Darum sahen viele in der Messe ein weiteres Opfer, das zu dem einen Opfer Christi hinzukam. Entsprechend einer von Duns Scotus stammenden Theorie erwartete man von einer Vervielfältigung der Messen eine Vervielfältigung der Gnade, die dann einzelnen Personen zugewandt werden konnte. Das ist der Grund, warum zur Zeit Luthers zum Beispiel in der Schlosskirche von Wittenberg jährlich Tausende von Privatmessen gefeiert wurden.

147. Luther bestand darauf, dass entsprechend den Einsetzungsworten Christus im Herrenmahl sich selbst denen gibt, die ihn empfangen, und dass er als Geschenk allein im Glauben empfangen, nicht aber dargebracht werden könne. Christus Gott darbringen zu wollen, würde die innere Struktur und Richtung der Eucharistie umkehren. In Luthers Augen würde ein Verständnis der Eucharistie als Opfer sie als ein gutes Werk verstehen, das wir tun und Gott darbringen. Zudem argumentierte er: Genau wie wir nicht anstelle eines anderen getauft werden können, können wir an der Eucharistie nicht anstelle eines anderen und zu seinem Nutzen teilnehmen. Anstatt das kostbarste Geschenk, das Christus ist und uns anbietet, zu empfangen, würden wir versuchen, Gott etwas

---

[44] In seinem Brief an Simon Wolferinus vom 4. Juli 1543 schreibt Luther: »Du kannst nämlich, wie wir das hier [in Wittenberg] tun, das Übriggebliebene des Sakraments mit den Kommunikanten austrinken und aufessen, so dass es nicht nötig ist, diese Ärgernis erregenden und gefährlichen Fragen aufzuwerfen, wann die sakramentale Handlung aufhört« (WA Br 10; 341,37–40).

anzubieten, und damit die göttliche Gabe in ein gutes Werk verwandeln.

148. Trotzdem konnte Luther ein Opferelement in der Messe sehen: das Opfer des Dankens und Lobens. Es ist tatsächlich ein Opfer, insofern ein Mensch im Danken anerkennt, dass er oder sie der Gabe bedarf und dass seine oder ihre Situation sich allein durch den Empfang der Gabe ändern wird. Darum schließt wahres Empfangen im Glauben eine aktive Dimension ein, die nicht unterschätzt werden sollte.

KATHOLISCHE ANLIEGEN IM BLICK AUF DIE EUCHARISTIE

149. Auf katholischer Seite weckte Luthers Zurückweisung der Idee der Transsubstantiation Zweifel, ob die Lehre von der Realpräsenz Christi in seiner Theologie vollständig bewahrt worden war. Obgleich das Konzil von Trient zugab, dass wir die Art seiner Gegenwart mit Worten kaum ausdrücken können, und zwischen der Lehre der Wandlung der Elemente und ihrer begrifflichen Erläuterung unterschied, erklärte es: »Diese Wandlung wurde von der heiligen katholischen Kirche treffend und im eigentlichen Sinne Wesensverwandlung [transsubstantiatio] genannt«[45]. Dieses begriffliche Konzept schien in katholischer Sicht die beste Garantie dafür zu sein, die reale Gegenwart Jesu Christi in den Gestalten von Brot und Wein festzuhalten und die Gegenwart der ganzen Wirklichkeit Jesu Christi in jeder der Gestalten zu gewährleisten. Wenn Katholiken die Transformation der geschaffenen Elemente betonen, wollen sie Gottes schöpferische Macht hochhalten, die inmitten der alten Schöpfung eine neue Schöpfung hervorbringt.

150. Auch wenn das Konzil von Trient die Praxis der Anbetung des gesegneten Sakraments verteidigte, ging es von der Kommunion der Gläubigen als dem ursprünglichen Zweck der Eucharistie aus. Die Eucharistie wurde von Christus eingesetzt, um als geistliche Nahrung verzehrt zu werden.[46]

---

[45] DH 1642 (Dekret über das Sakrament der Eucharistie, Kap. IV; 13. Sitzung, 11. Oktober 1551).
[46] DH 1638 (Dekret über das Sakrament der Eucharistie, Kap. II).

151. Weil ein integratives Konzept von Erinnerung (*anamnesis*) verloren gegangen war, fehlte den Katholiken eine geeignete Begrifflichkeit, um den Opfercharakter der Eucharistie angemessen auszudrücken. Einer Tradition verpflichtet, die bis in die Väterzeit zurückreicht, wollten Katholiken nicht die Bestimmung der Eucharistie als wahres Opfer aufgeben, auch wenn sie Mühe hatten, die Identität dieses eucharistischen Opfers mit dem einzigen Opfer Christi auszusagen. Erst die Erneuerung der sakramentalen und liturgischen Theologie, wie sie sich im Zweiten Vatikanischen Konzil artikulierte, konnte das Konzept der Erinnerung wieder fruchtbar machen (SC 47; LG 3).

152. Lutheranern und Katholiken sind in ihrem ökumenischen Dialog Einsichten der liturgischen Bewegung wie auch neue theologische Erkenntnisse zugute gekommen. Durch die Wiedergewinnung des Begriffs der *anamnesis* sind beide zu einem besseren Verständnis dessen gelangt, wie das Sakrament der Eucharistie als Gedenken die Heilsereignisse und insbesondere das Opfer Christi wirksam gegenwärtig macht. Katholiken konnten die vielen Formen der Gegenwart Christi in der Liturgie der Eucharistie würdigen, etwa die Gegenwart in seinem Wort und in der Gemeinde (SC 7). Angesichts der Unaussprechlichkeit des eucharistischen Geheimnisses haben Katholiken neu gelernt, die verschiedenen Formen des Glaubens an die reale Gegenwart Jesu Christi im Sakrament zu schätzen. Lutheraner gewannen ein neues Bewusstsein für die Gründe, mit den gesegneten Elementen nach der Feier respektvoll umzugehen.

LUTHERISCH-KATHOLISCHER DIALOG ÜBER DIE EUCHARISTIE

153. Die Frage der Wirklichkeit der Gegenwart Christi im Herrenmahl ist zwischen Katholiken und Lutheranern nicht kontrovers. Der lutherisch-katholische Dialog über die Eucharistie konnte feststellen: »Die lutherische Tradition bejaht mit der katholischen Tradition, dass die konsekrierten Elemente nicht schlechthin Brot und Wein bleiben, sondern kraft des schöpferischen Wortes als Leib und Blut Christi geschenkt werden. In diesem Sinn konnten auch sie gelegentlich mit der griechischen Tradition von einer ›Wandlung‹ sprechen.«[47] Katholiken wie

---

[47] Herrenmahl 51. Vgl. Apologia Confessionis Augustanae X (BSLK 247,45–248,45).

Lutheraner »wenden sich gemeinsam gegen eine räumliche oder naturhafte Art der Gegenwart und gegen ein rein erinnerndes oder figuratives Verständnis des Sakraments« (Herrenmahl 16).

Das gemeinsame Verständnis der Realpräsenz Jesu Christi

154. Lutheraner und Katholiken können miteinander die reale Gegenwart Jesu Christi im Herrenmahl betonen: »Im Sakrament des Abendmahls ist Jesus Christus, wahrer Gott und wahrer Mensch, voll und ganz mit seinem Leib und seinem Blut unter dem Zeichen von Brot und Wein gegenwärtig.« (Herrenmahl 16) Diese gemeinsame Feststellung bejaht alle wesentlichen Elemente des Glaubens an die eucharistische Gegenwart Jesu Christi, ohne die Begriffssprache der Transsubstantiation zu übernehmen. Daher teilen Katholiken und Lutheraner dieses Verständnis: »Gegenwärtig wird der erhöhte Herr im Abendmahl in seinem dahingegebenen Leib und Blut mit Gottheit und Menschheit durch das Verheißungswort in den Mahlgaben von Brot und Wein in der Kraft des Heiligen Geistes zum Empfang durch die Gemeinde«[48].

155. Verbunden mit der Frage der Realpräsenz und ihrem theologischen Verständnis ist die Frage nach der Dauer dieser Gegenwart und damit auch nach der Anbetung Christi als des im Sakrament auch nach der Feier Gegenwärtigen. »Hinsichtlich der Dauer der eucharistischen Gegenwart treten die Unterschiede auch in der liturgischen Praxis zutage. Gemeinsam bekennen katholische und lutherische Christen, dass die eucharistische Gegenwart des Herrn Jesus Christus auf den gläubigen Empfang ausgerichtet ist, dass sie gleichwohl nicht nur auf den Augenblick des Empfangens beschränkt ist und dass sie ebenso nicht vom Glauben des Empfangenden abhängt, so sehr sie auf diesen hingeordnet ist.« (Herrenmahl 52)

156. Das Dokument *Das Herrenmahl* forderte die Lutheraner auf, nach der Feier des Herrenmahls respektvoll mit den übrigbleibenden eucharistischen Elementen umzugehen. Zugleich ermahnte es die Katholiken, darauf zu achten, dass die Praxis der eucharistischen Anbetung »nicht

---

[48] K. Lehmann/W. Pannenberg, Lehrverurteilungen – kirchentrennend?, a. a. O. (siehe oben Anm. 3), 122.

der gemeinsamen Überzeugung vom Mahl-Charakter der Eucharistie widerspricht« (Herrenmahl 55).

Konvergenz im Verständnis des eucharistischen Opfers

157. Mit Bezug auf das Problem, das für die Reformatoren von größter Bedeutung war, das eucharistische Opfer, stellte der katholisch-lutherische Dialog als Grundprinzip fest:»›Gemeinsam bekennen katholische und lutherische Christen, dass Jesus Christus im Herrenmahl ›als der Gekreuzigte gegenwärtig ist, der für unsere Sünden gestorben und für unsere Rechtfertigung wieder auferstanden ist, als das Opfer, das ein für allemal für die Sünden der Welt dargebracht wurde‹. Dieses Opfer kann weder fortgesetzt noch wiederholt, noch ersetzt, noch ergänzt werden; wohl aber kann und soll es je neu in der Mitte der Gemeinde wirksam werden. Über Art und Maß dieser Wirkung gibt es unter uns unterschiedliche Deutungen.« (Herrenmahl 56)

158. Die Idee der *anamnesis* hat geholfen, die Kontroversfrage zu lösen, wie man das ein für alle Mal genugsame Opfer Jesu Christi ins rechte Verhältnis zum Herrenmahl setzt: »Im gottesdienstlichen Gedächtnis der Heilstaten Gottes werden diese selbst in der Kraft des Geistes gegenwärtig, und die feiernde Gemeinde wird mit der früheren, die die Heilstaten selbst erfuhr, verbunden. So ist auch der Befehl Christi im Abendmahl gemeint: In der Verkündigung seines Heilstodes mit seinen eigenen Worten beim Nachvollzug seines Mahlhandelns vollzieht sich das ›Gedenken‹, in dem Jesu Wort und Heilswerk selbst gegenwärtig werden.«[49]

159. Der entscheidende Fortschritt lag in der Überwindung der Trennung zwischen *sacrificium* (Opfer Jesu Christi) und *sacramentum* (Sakrament). Wenn Jesus Christus wirklich gegenwärtig ist im Herrenmahl, dann sind sein Leben, Leiden, Tod und Auferweckung auch wahrhaft gegenwärtig mit seinem Leib, so dass das Herrenmahl »die wirkliche Vergegenwärtigung des als Sühnopfer bestimmten Kreuzesgeschehens«[50] ist. Nicht nur die Wirkung des Kreuzesgeschehens, sondern

---

[49] K. Lehmann/W. Pannenberg, Lehrverurteilungen – kirchentrennend?, a. a. O. (siehe oben Anm. 3), 91.
[50] A. a. O., 93.

auch das Geschehen selbst ist gegenwärtig im Herrenmahl, wobei das Mahl weder eine Wiederholung noch eine Ergänzung des Kreuzesgeschehens ist. Das eine Geschehen ist auf sakramentale Weise gegenwärtig. Die liturgische Form des heiligen Mahls muss jedoch alles ausschließen, das den Eindruck einer Wiederholung oder Ergänzung des Kreuzesgeschehens wecken könnte. Wenn das Verständnis des Herrenmahls als Realgedächtnis konsequent ernst genommen wird, dann sind die Unterschiede im Verständnis des eucharistischen Opfers für Katholiken und Lutheraner annehmbar.

Kommunion unter beiden Gestalten und das eucharistische Dienstamt

160. Seit der Reformationszeit ist der Kelchempfang der Laien eine charakteristische Praxis der lutherischen Gottesdienste. Darum unterschied diese Praxis für lange Zeit und sichtbar das lutherische Herrenmahl von der katholischen Praxis, Laien die Kommunion nur unter der Gestalt des Brotes zu reichen. Heute kann als Grundsatz festgestellt werden: »Katholiken und Lutheraner sind gemeinsam der Überzeugung, dass zur Vollgestalt der Eucharistie Brot und Wein gehören.« (Herrenmahl 64) Trotzdem bleiben Unterschiede in der Praxis des Herrenmahls.

161. Weil die Frage des Vorsitzes der eucharistischen Feier ökumenisch von großer Bedeutung ist, ist es eine wichtige Gemeinsamkeit, dass im Dialog die Notwendigkeit eines von der Kirche berufenen Amtsträgers festgestellt wurde: »Katholische und lutherische Christen sind der Überzeugung, dass zur Eucharistie die Leitung des kirchlicherseits bestellten Dieners gehört.« (Herrenmahl 65) Allerdings verstehen Katholiken und Lutheraner das Amt unterschiedlich.

AMT

LUTHERS VERSTÄNDNIS DES ALLGEMEINEN PRIESTERTUMS DER GETAUFTEN UND DES ORDINATIONSGEBUNDENEN AMTES

162. Im Neuen Testament bezeichnet das Wort *iereus* (Priester; lateinisch: *sacerdos*) kein Amt in der christlichen Gemeinde, auch wenn Paulus seinen apostolischen Dienst als den eines Priesters beschreibt (Röm 15,16). Christus ist der Hohepriester. Luther versteht das Verhältnis

des Glaubenden zu Christus als »fröhlichen Wechsel«, in dem der Glaubende an den Eigenschaften Christi und also auch an seinem Priestertum teilhat. »Wie nun aber Christus durch seine Erstgeburt diese beiden Würden [Priestertum und Königtum] erlangt hat, so teilt er diese mit und kommuniziert sie jedem an ihn Glaubenden nach dem vorher erwähnten Eherecht, nach dem der Braut alles gehört, was Eigentum des Bräutigams ist. Daher sind in Christus alle, die an Christus glauben, Priester und Könige, wie 1 Petr. 2[,9] lautet: ›Ihr seid das auserwählte Geschlecht, das Volk des Eigentums, die königliche Priesterschaft und das priesterliche Königreich‹.«[51] »Demnach werden wir alle durch die Taufe zu Priestern geweiht.«[52]

163. Auch wenn in Luthers Verständnis alle Christen Priester sind, betrachtet er nicht alle als Pfarrer. »Es ist wahr, dass alle Christen Priester sind, aber nicht alle sind Pfarrer. Denn über das hinaus, dass er Christ und Priester ist, muss er auch ein Amt und eine ihm anbefohlene Kirchengemeinde haben. Berufung und Auftrag machen Pfarrer und Prediger.«[53]

164. Luthers theologische Vorstellung vom Christen als Priester widersprach der Ordnung der Gesellschaft, die sich im Mittelalter weit verbreitet hatte. Nach Gratian gab es zwei Arten von Christen, Kleriker und Ordensleute auf der einen und Laien auf der anderen Seite.[54] Mit seiner Lehre vom allgemeinen Priestertum wollte Luther dieser Unterscheidung die Grundlage wegnehmen. Was ein Christ als Priester ist, ergibt sich aus der Teilhabe am Priestertum Christi: Er oder sie bringt die Anliegen der Menschen im Gebet vor Gott und die Anliegen Gottes zu den Menschen durch die Weitergabe des Evangeliums.

165. Luther verstand das ordinationsgebundene Amt als öffentlichen Dienst für die ganze Kirche. Pfarrer sind *ministri* (Diener). Dieses Amt steht nicht in Konkurrenz zum allgemeinen Priestertum aller Getauften; es

---

[51] WA 7; 56,35–57,1 (Tractatus de libertate christiana; 1520).
[52] WA 6; 407,22f. (An den christlichen Adel deutscher Nation; 1520; leicht modernisiert).
[53] WA 31/I; 211,17–20 (Psalmenauslegungen 1529/32; 82. Psalm).
[54] Decretum Gratiani 2.12.1.7 (E. Friedberg [Hg.], Corpus Iuris Canonici, Bd. I, Graz 1955, 678).

dient ihm vielmehr, damit alle Christenmenschen einander Priester sein können.

Die göttliche Einsetzung des Amtes

166. Seit mehr als 150 Jahren wird in der lutherischen Theologie eine Debatte darüber geführt, ob das ordinationsgebundene Amt auf einer göttlichen Einsetzung beruht oder auf menschlicher Delegation. Luther freilich spricht vom »Pfarrstand, den Gott eingesetzt hat, der eine Gemeinde mit Predigen und Sakramenten regieren muss«[55]. Luther sieht dieses Amt gegründet in den Leiden Christi und in dessen Tod: »Ich hoffe ja, dass die Gläubigen und was Christ heißen will, sehr gut wissen, dass der geistliche Stand von Gott eingesetzt und gestiftet ist – nicht mit Gold oder Silber, sondern mit dem teuren Blut und bittern Tod seines einzigen Sohnes, unseres Herrn Jesus Christus. Denn aus seinen Wunden fließen wahrlich […] die Sakramente. Und er hat es wahrlich teuer erkauft, dass man in der ganzen Welt dieses Amt hat, zu predigen, zu taufen, zu lösen, zu binden, Sakramente zu reichen, zu trösten, zu warnen, zu ermahnen mit Gottes Wort und was sonst zum Amt der Seelsorge gehört […] Ich meine aber nicht den jetzigen geistlichen Stand in Klöstern und Stiften […] Sondern den Stand meine ich, der das Predigtamt und den Dienst des Wortes und der Sakramente hat, das den Geist gibt und alle Seligkeit […].«[56] Es ist somit für Luther klar, dass Gott das Amt eingesetzt hat.

167. Niemand kann nach Luthers Überzeugung sich selbst in das Amt bringen; man muss in es berufen werden. 1535 begann man, Ordinationen in Wittenberg durchzuführen. Sie fanden nach einer Prüfung von Lehre und Leben des Kandidaten und unter der Voraussetzung eines Rufes in eine Gemeinde statt. Aber die Ordinationen wurden nicht in der Gemeinde, die die Berufung aussprach, vorgenommen, sondern zentral in Wittenberg, weil Ordination als Ordination in den Dienst der ganzen Kirche verstanden wurde.

---

[55] WA 6; 441,24 f. (An den christlichen Adel deutscher Nation; 1520).
[56] WA 30/II; 526,34; 527,14-21; 528,18 f.25-27 (Eine Predigt, dass man Kinder zur Schulen halten solle; 1530)

168. Die Ordinationen wurden mit Gebet und Handauflegung vollzogen. Wie das einführende Gebet, dass Gott Arbeiter in seiner Ernte sende (Mt 9,38), und das Gebet um den Heiligen Geist klarmachten, ist es in Wahrheit Gott, der in der Ordination der Handelnde ist. In der Ordination umfasst der Ruf Gottes die ganze Person. Im Vertrauen darauf, dass das Gebet von Gott erhört werden würde, vollzog sich die Aufforderung hinauszugehen mit den Worten von 1 Petr 5,2-4.[57] In einem der Ordinationszeugnisse heißt es: »Das Amt in der Kirche ist für alle Kirchen eine sehr große und notwendige Sache und von Gott allein gegeben und aufrechterhalten.«[58]

169. Weil Luthers Definition eines Sakraments enger war als die im Mittelalter übliche und weil nach seiner Auffassung das Weihesakrament vor allem der Praxis des Messopfers diente, verstand er Ordination nicht mehr als Sakrament. Melanchthon stellte jedoch in der *Apologie* zum *Augsburger Bekenntnis* fest: »Aber wenn die Ordination vom Amt des Wortes her verstanden wird, würden wir die Ordination nicht ungern Sakrament nennen. Denn das Amt des Wortes hat das Mandat Gottes und es hat großartige Verheißungen, Röm 1[,16]: Das Evangelium ›ist die Macht Gottes zum Heil jedem Glaubenden‹. Ebenso Jes 55[,11]: ›Mein Wort, das aus meinem Mund ausgeht, soll nicht leer zu mir zurückkommen, sondern tun, was ich will‹ usw. Wenn die Ordination auf diese Weise verstanden wird, werden wir uns nicht weigern, die Handauflegung Sakrament zu nennen. Die Kirche hat nämlich das Mandat, Diener einzusetzen, was uns höchst willkommen sein muss, denn wir wissen, dass Gott jenes Amt gutheißt und in ihm anwesend ist.«[59]

Bischofsamt

170. Weil die Bischöfe sich weigerten, Kandidaten, die mit der Reformation sympathisierten, zu ordinieren, vollzogen die Reformatoren die Ordination durch Presbyter (Pfarrer). In Artikel 28 beklagt sich das Augsburger Bekenntnis über die Weigerung der Bischöfe, solche Kandidaten zu ordinieren. Das zwang die Reformatoren, zwischen Beibehaltung

---

[57] Vgl. die Wittenberger Ordinationszeugnisse in WA Br 12; 447-485.
[58] WA 38; 423,21-25 (Wittenberger Ordinationsformular; 1538).
[59] BSLK 293,42-294,8 (Apologie XIII).

der Ordination durch Bischöfe und Treue zur Wahrheit des Evangeliums, wie sie sie verstanden, zu wählen.

171. Die Reformatoren sahen sich befugt, die Ordination durch Presbyter (Pfarrer) zu vollziehen, weil sie von den *Sentenzen* des Petrus Lombardus gelernt hatten, dass das Kirchenrecht nur zwei sakramentale Weihegrade unter den höheren Graden kannte, den Diakonat und den Presbyterat, und dass nach einer im Mittelalter weit verbreiteten Auffassung die Bischofsweihe keinen eigenen sakramentalen Charakter verlieh.[60] Die Reformatoren bezogen sich ausdrücklich auf einen Brief des Hieronymus, der überzeugt war, dass nach dem Neuen Testament die Ämter des Presbyters und des Bischofs die gleichen waren mit der einen Ausnahme, dass die Bischöfe das Recht zur Ordination hatten. Wie die Reformatoren feststellten, war dieser Brief an Evangelus in das *Decretum Gratiani* aufgenommen worden.[61]

172. Luther und die Reformatoren betonten, dass es nur ein ordinationsgebundenes Amt gibt, das Amt der öffentlichen Evangeliumsverkündigung und der Verwaltung der Sakramente, die ihrem Wesen nach öffentliche Ereignisse sind. Trotzdem gab es von Beginn an eine Unterscheidung im Amt. Seit den ersten Visitationen entwickelte sich das Amt eines Superintendenten, der die besondere Aufgabe der Aufsicht über die Pastoren hatte. Philipp Melanchthon schrieb: »Denn in der Kirche sind Regenten nötig, die diejenigen, die zum kirchlichen Amt berufen sind, prüfen und ordinieren, kirchliche Gerichtsbarkeit ausüben und Aufsicht haben über die Lehre der Priester. Und wenn es keine Bischöfe gäbe, müsste man sie dennoch erfinden.«[62]

---

[60] Petrus Lombardus, Sent. IV, dist. 24, cap. 12.

[61] Philipp Melanchthon zitierte den Brief des Hieronymus in *De potestate et primatu papae tractatus* (BSLK 489,43–490,45). Vgl. auch WA 2; 230,17–19. Hieronymus, Brief 146 an Evangelus, in: J.-P. Migne (Hg.), Patrologia Latina XXII, Paris 1845, 1192–1195. Decretum Gratiani, 1.93.24f. (E. Friedberg [Hg.], Corpus Iuris Canonici, Bd. I, Graz 1955, 327–330).

[62] Melanchthon, Consilium de moderandis controversiis religionis (Corpus Reformatorum II [hg. v. K. G. Bretschneider, Halle 1835], 745f.; 1535).

Katholische Anliegen im Blick auf das allgemeine Priestertum, das Priestertum des Dienstes und das Bischofsamt

173. Im späten Mittelalter wurden die Würde aller Getauften in der Kirche und ihre Verantwortung für sie nicht angemessen betont. Erst auf dem Zweiten Vatikanischen Konzil stellte das Lehramt eine Theologie der Kirche als des Volkes Gottes vor und betonte »eine wahre Gleichheit in der allen Gläubigen gemeinsamen Würde und Tätigkeit zum Aufbau des Leibes Christi« (LG 32).

174. Innerhalb dieses Rahmens entwickelte das Konzil sein Verständnis des Priestertums der Getauften und legte dessen Verhältnis zum Priestertum des Dienstes dar. In der katholischen Theologie ist der ordinierte Amtsträger sakramental bevollmächtigt, im Namen Christi und im Namen der Kirche zu handeln.

175. Die katholische Theologie ist überzeugt, dass das Amt des Bischofs einen unverzichtbaren Beitrag zur Einheit der Kirche leistet. Katholiken stellen die Frage, wie die Einheit der Kirche in Zeiten von Konflikten ohne Bischofsamt aufrechterhalten werden kann. Sie hatten auch die Sorge, dass Luthers spezielle Lehre vom allgemeinen Priestertum die hierarchische Struktur der Kirche, die sie als von Gott eingesetzt verstehen, nicht zureichend wahrt.

Lutherisch-katholischer Dialog über das Amt

176. Der katholisch-lutherische Dialog hat zahlreiche Gemeinsamkeiten wie auch Unterschiede in der Theologie und der institutionellen Form der ordinationsgebundenen Ämter festgestellt, unter ihnen die Ordination von Frauen, die jetzt in vielen lutherischen Kirchen praktiziert wird. Eine der bleibenden Fragen ist, ob die katholische Kirche das Amt der lutherischen Kirchen anerkennen kann. Lutheraner und Katholiken können miteinander das Verhältnis zwischen der Verantwortung für die Verkündigung des Wortes und der Verwaltung der Sakramente und dem Amt derer, die dazu ordiniert sind, bestimmen. Miteinander können sie Unterscheidungen zwischen Aufgaben der episkopé und lokalen und stärker regionalen Aufgaben entwickeln.

Das gemeinsame Verständnis des Amtes

Priestertum der Getauften

177. Es stellt sich die Frage, wie die besonderen Aufgaben des ordinationsgebundenen Amtes in das rechte Verhältnis zum allgemeinen Priestertum aller getauften Glaubenden gesetzt werden. Das Studiendokument *Die Apostolizität der Kirche* stellt fest: »Katholiken und Lutheraner stimmen darin überein, dass alle Getauften und an Christus Glaubenden am Amt Christi Anteil haben und also auch beauftragt sind, zu ›verkünden die Machttaten dessen, der sie aus der Finsternis in sein wunderbares Licht berufen hat [1 Petr 2,9b]. Es gibt darum kein Glied, das nicht Anteil an der Sendung des ganzen Leibes hätte.‹« (ApK 273, mit Zitat aus PO 2)

Der göttliche Ursprung des Amtes

178. Es ist gemeinsame Überzeugung im Verständnis des ordinationsgebundenen Amtes, dass es göttlichen Ursprungs ist: »Katholiken und Lutheraner sagen gemeinsam, dass das Amt von Gott gestiftet und für das Sein der Kirche notwendig ist, weil das Wort Gottes und seine öffentliche Verkündigung in Wort und Sakrament dafür erforderlich sind, dass Glaube an Jesus Christus zustande kommt und erhalten wird, dass – ineins damit – Kirche zustande kommt und erhalten wird, dass die Glaubenden in der Einheit des Glaubens Leib Christi sind.« (ApK 276)

Das Amt von Wort und Sakrament

179. *Die Apostolizität der Kirche* bezeichnet die Verkündigung des Evangeliums für Lutheraner wie für Katholiken als grundlegende Aufgabe der ordinierten Amtsträger: »Ordinierte Amtsträger haben eine besondere Aufgabe innerhalb der Sendung der ganzen Kirche« (ApK 274). Für Katholiken wie für Lutheraner ist »die Grundaufgabe und Intention des ordinationsgebundenen Amtes der öffentliche Dienst am Wort Gottes, dem Evangelium von Jesus Christus, das aller Welt zu verkündigen die Kirche vom dreieinigen Gott beauftragt ist. Daran muss sich jedes Amt und jeder Amtsträger messen lassen.« (ApK 274)

180. Diese Betonung der Verkündigung des Evangeliums als Aufgabe des Amtes ist Katholiken und Lutheranern gemeinsam (vgl. ApK 247; 255;

257; 274). Katholiken sehen den Ursprung des priesterlichen Dienstes in der Verkündigung des Evangeliums. Das Dekret über Dienst und Leben der Priester (*Presbyterorum ordinis*) erklärt: »Das Volk Gottes wird an erster Stelle geeint durch das Wort des lebendigen Gottes, das man mit Recht vom Priester verlangt. Da niemand ohne Glaube gerettet werden kann, ist die erste Aufgabe der Priester als Mitarbeiter der Bischöfe, allen die frohe Botschaft zu verkünden« (PO 4, zitiert in ApK 247). »Auch Katholiken erklären, dass es die besondere Aufgabe der Amtsträger ist, das Volk Gottes durch das Wort Gottes zusammenzuführen und dieses allen zu verkünden, damit sie glauben.« (ApK 274) In ähnlicher Weise besagt das lutherische Verständnis, dass »das Amt seinen Grund und sein Maß in der Aufgabe hat, der *ganzen* Gemeinde das Evangelium verbindlich so zuzusprechen, dass gewisser Glaube möglich und geweckt wird« (ApK 255).

181. Lutheraner und Katholiken stimmen auch darin überein, dass die Verantwortung für die Verwaltung der Sakramente bei ordinierten Leitern liegt. »Das Evangelium teilt nämlich denen, die den Kirchen vorstehen, das Mandat, das Evangelium zu lehren, die Sünden zu vergeben und die Sakramente zu verwalten, ... zu.«[63] Auch die Katholiken erklären, dass Priester den Auftrag haben, die Sakramente zu verwalten, die sie als auf die Eucharistie hingeordnet betrachten, die »Quelle und Höhepunkt aller Evangelisation« ist (PO 5, zitiert in ApK 274).

182. In *Die Apostolizität der Kirche* heißt es weiter: »Die Ähnlichkeit der Beschreibung der Amtsfunktionen der Presbyter und der Bischöfe [sc. im Zweiten Vatikanischen Konzil] ist beachtenswert. Bischofsamt und Priesteramt weisen die gleiche Struktur des dreifachen Dienstes (Verkündigung, Liturgie, Leitung) auf, und im konkreten kirchlichen Leben sind gerade die Presbyter Träger der alltäglichen Erfüllung der Aufgaben, durch die die Kirche auferbaut wird, während den Bischöfen die Aufsicht über die Lehre zukommt und sie für die Gemeinschaft unter den Ortsgemeinden zu sorgen haben. Nur üben die Presbyter ihr Amt in untergeordneter Stellung gegenüber den Bischöfen und in Gemeinschaft mit ihnen aus.« (ApK 248)

---

[63] Melanchthon, De potestate et primatu papae tractatus (BSLK 489,32-35; zitiert in ApK 274).

Ordinationsritus

183. Hinsichtlich der Einführung in das besondere Amt gibt es folgende Gemeinsamkeit: »Die Einführung in dieses Amt geschieht in der Ordination, in der ein Christ unter Gebet und Handauflegung in den Dienst der öffentlichen Verkündigung des Evangeliums in Wort und Sakrament berufen und gesandt wird. Jenes Gebet ist die erhörungsgewisse Bitte um den Heiligen Geist und seine Gaben.« (ApK 277)

Amt auf lokaler und regionaler Ebene

184. Lutheraner und Katholiken können miteinander sagen, dass sich die Ausdifferenzierung des Amtes »in einen mehr lokalen und einen mehr regionalen Dienst [...] mit Notwendigkeit aus dem Sinn und der Aufgabe des Amtes als eines Amtes der Einheit im Glauben« (ApK 279) ergibt. In den lutherischen Kirchen wird die Aufgabe der episkopé in verschiedenen Formen wahrgenommen. Jene Personen, die einen überörtlichen Dienst versehen, werden an manchen Orten nicht mit dem Titel »Bischof« bezeichnet, sondern als »Ephorus«, »Kirchenpräsident«, »Superintendent« oder »Diözesanpfarrer«. Lutheraner vertreten die Auffassung, dass das Amt der episkopé nicht nur durch Einzelne ausgeübt wird, sondern auch in anderen Formen wie Synoden, zu denen ordinierte wie nichtordinierte Mitglieder gehören.[64]

Apostolizität

185. Auch wenn Katholiken und Lutheraner die Amtsstrukturen, die die Apostolizität der Kirche weitergeben, unterschiedlich verstehen, stimmen sie darin überein, dass die »Treue zum apostolischen Evangelium [...] das *Prae* in dem Zusammenspiel von *traditio*, *successio* und *communio*« (ApK 291) hat. Übereinstimmung besteht unter ihnen darin,

---

[64] Im Jahr 2007 hat sich der Rat des Lutherischen Weltbunds das Dokument »Das bischöfliche Amt im Rahmen der Apostolizität der Kirche. Erklärung von Lund. Lutherischer Weltbund – eine Kirchengemeinschaft« zu eigen gemacht. Auch wenn er kein Lehrdokument zu sein beabsichtigt, sucht dieser Text eine Reihe von Fragen, die die episkopé betreffen, für die lutherische Gemeinschaft zu klären. Dabei gilt die Aufmerksamkeit sowohl der lutherischen Tradition wie den Früchten der ökumenischen Dialoge. Vgl. http://www.lutheranworld.org/Ratstagung/2007/20070327-Rat.html.

»dass die Kirche apostolisch ist aufgrund ihrer Treue zum apostolischen Evangelium« (ApK 292). Diese Übereinstimmung ermöglicht es der römisch-katholischen Seite anzuerkennen, dass Personen, die »eine besondere Verantwortung für die Apostolizität der Lehre ihrer Kirchen« haben, die also »jene Aufgaben der episkope wahrnehmen, die in der römisch-katholischen Kirche die Bischöfe versehen«, nicht »aus dem Kreis derer [...], deren Übereinstimmung nach katholischer Auffassung Zeichen für die Apostolizität der Lehre ist« (ApK 291), ausgeschlossen werden können.

Dienst an der Universalkirche

186. Lutheraner und Katholiken stimmen darin überein, dass das Amt der ganzen Kirche dient. Lutheraner setzen voraus, »dass die zum Gottesdienst versammelte Gemeinde in einem wesentlichen Bezug zur universalen Kirche steht« und dass diese Beziehung der zum Gottesdienst versammelten Gemeinde innerlich und nichts »nachträglich Hinzukommendes« (ApK 285) ist. Auch wenn die römisch-katholischen Bischöfe »ihr Hirtenamt über den ihnen anvertrauten Anteil des Gottesvolkes [ausüben], nicht über andere Kirchen und nicht über die Gesamtkirche«, ist doch jeder Bischof »zur Sorge für die Gesamtkirche gehalten« (LG 23). Der Bischof von Rom ist kraft seines Amtes »Hirt der ganzen Kirche« (LG 22).

Unterschiede im Verständnis des Amtes

Das Bischofsamt

187. Es bleiben beachtliche Unterschiede im Verständnis des Amtes in der Kirche. In *Die Apostolizität der Kirche* wird wahrgenommen, dass für Katholiken der Episkopat die volle Form des ordinationsgebundenen Amtes und darum der Ausgangspunkt für die theologische Interpretation des kirchlichen Amtes ist. Das Dokument zitiert *Lumen gentium* 21: »Die Heilige Synode lehrt [...], dass durch die Bischofsweihe die Fülle des Weihesakraments übertragen wird [...]. Die Bischofsweihe überträgt mit dem Amt der Heiligung auch die Ämter der Lehre und der Leitung, die jedoch ihrer Natur nach nur in der hierarchischen Gemeinschaft mit Haupt und Gliedern des Kollegiums ausgeübt werden können« (zitiert in ApK 243).

188. Das Zweite Vatikanische Konzil bekräftigte das Verständnis, »dass die Bischöfe aufgrund göttlicher Einsetzung an die Stelle der Apostel als Hirten der Kirche getreten sind. Wer sie hört, hört Christus, und wer sie verachtet, verachtet Christus und ihn, der Christus gesandt hat.« (LG 20) Gleichwohl ist es katholische Lehre, »dass der einzelne Bischof nicht schon dadurch in der apostolischen Sukzession steht, dass eine historisch verifizierbare lückenlose Kette von Handauflegungen über seine Vorgänger auf einen der Apostel zurückführt, es gehört vielmehr wesentlich dazu, dass er in der communio mit dem gesamten *ordo episcoporum* steht, der sich seinerseits als Ganzes in der Nachfolge des Apostelkollegiums und seiner Sendung befindet« (ApK 291).

189. Diese Sicht auf das Amt, die beim Episkopat ansetzt, stellt eine Veränderung gegenüber dem Fokus des Konzils von Trient auf das Priesteramt dar und unterstreicht die Bedeutung des Themas der apostolischen Sukzession. *Lumen gentium* betont den amtstheologischen Aspekt dieser Sukzession, ohne die Bedeutung der lehrmäßigen, missionarischen und existentiellen Dimensionen der apostolischen Sukzession zu leugnen (ApK 240). Aus diesem Grund verstehen Katholiken unter Ortskirche die Diözese, wobei sie als die wesentlichen Elemente der Kirche Wort, Sakrament und apostolisches Amt in der Person des Bischofs ansehen (ApK 284).

Priestertum

190. Katholiken unterscheiden sich von Lutheranern in ihrem Verständnis der sakramentalen Identität des Priesters und der Beziehung des sakramentalen Priestertums zum Priestertum Christi. Sie betonen, dass »die Priester von Gott durch den Dienst des Bischofs geweiht [werden], um in besonderer Teilhabe am Priestertum Christi die heiligen Geheimnisse als Diener dessen zu feiern, der sein priesterliches Amt durch seinen Geist allezeit für uns in der Liturgie ausübt« (PO 5).

Die Fülle des sakramentalen Zeichens

191. Für Katholiken mangelt es den lutherischen Ordinationen an der Fülle des sakramentalen Zeichens. »Nach katholischer Lehre gehören mit dem dreifach gegliederten Amt auch Praxis und Lehre der apostolischen Sukzession im Bischofsamt zur Vollgestalt von Kirche. Diese Sukzession

vollzieht sich korporativ. Mit ihrer Weihe werden die Bischöfe in das Kollegium der Bischöfe der katholischen Kirche aufgenommen. Als solche haben sie die Vollmacht zu ordinieren. Deshalb ist nach katholischer Lehre in den lutherischen Kirchen das sakramentale Zeichen der Ordination nicht in Fülle gegeben, weil dort die Ordinierenden nicht in Gemeinschaft mit dem Bischofskollegium der katholischen Kirche handeln. Deshalb spricht das Zweite Vatikanische Konzil von einem *defectus sacramenti ordinis* (UR 22,3) in diesen Kirchen.« (ApK 283)[65]

Weltweites Amt

192. Schließlich unterscheiden sich Katholiken und Lutheraner in den Ämtern und der Autorität des Dienstes und der Leitung auf überregionaler Ebene. Für Katholiken hat der Bischof von Rom »volle, höchste und universale Gewalt über die Kirche« (LG 22). Auch das Kollegium der Bischöfe übt die höchste und volle Gewalt über die Universalkirche aus »gemeinsam mit ihrem Haupt, dem Bischof von Rom, und niemals ohne dieses Haupt« (LG 22). *Die Apostolizität der Kirche* spricht von verschiedenen Ansichten unter Lutheranern hinsichtlich der »Kompetenzen von kirchenleitenden Gremien oberhalb der Ebene der Einzelkirchen und [der] Verbindlichkeit ihrer Entscheidungen« (ApK 287).

Reflexion

193. Im Dialog ist oft festgestellt worden, dass das Verhältnis von Bischöfen und Priestern am Beginn des 16. Jahrhunderts nicht so verstanden worden ist wie später durch das Zweite Vatikanische Konzil. Die Ordination durch Pfarrer in der Zeit der Reformation sollte darum mit Bezug auf die Bedingungen jener Zeit betrachtet werden. Es verdient auch Beachtung, dass die Aufgaben von katholischen und lutherischen Amtsinhabern einander weitgehend entsprechen.

194. Im Lauf der Geschichte war das lutherische Amt in der Lage, seine Aufgabe zu erfüllen, die Kirche in der Wahrheit zu halten, so dass es beinahe fünfhundert Jahre nach dem Beginn der Reformation möglich war, einen katholisch-lutherischen Konsens in den Grundwahrheiten der

---

[65] Vgl. R. Lee/J. Gros, FSC (Hg.), The Church as Koinonia of Salvation. Its Structures and Ministries, Washington, D.C., 2005, 49 f. (§§ 107–109).

Rechtfertigungslehre zu erklären. Wenn nach dem Urteil des Zweiten Vatikanischen Konzils der Heilige Geist die »kirchlichen Gemeinschaften« als Mittel des Heils gebraucht, kann man annehmen, dass dieses Werk des Heiligen Geistes Implikationen für die wechselseitige Anerkennung der Ämter hat. So zeigen sich in der Frage des Amtes sowohl beträchtliche Hindernisse für ein gemeinsames Verständnis wie auch hoffnungsvolle Perspektiven für eine Annäherung.[66]

SCHRIFT UND TRADITION

LUTHERS VERSTÄNDNIS DER SCHRIFT UND IHRER AUSLEGUNG UND VON MENSCHLICHEN TRADITIONEN

195. In der Kontroverse, die im Zusammenhang der Verbreitung von Luthers 95 Thesen zum Ablass ausbrach, stellte sich sehr rasch die Frage, auf welche Autoritäten man sich in einer Auseinandersetzung berufen konnte. Der päpstliche Hoftheologe Sylvester Prierias argumentierte in seiner ersten Antwort auf Luthers Ablassthesen: »Wer sich nicht an die Lehre der Römischen Kirche und des Römischen Bischofs als einer unfehlbaren Glaubensregel hält, von der auch die Heilige Schrift ihre Vollmacht und Autorität erhält, ist ein Ketzer.«[67] Und Johannes Eck antwortete Luther: »Die Schrift ist nicht authentisch ohne die Autorität der Kirche«[68]. Der Konflikt entwickelte sich sehr rasch aus einer Kontroverse über Lehrfragen (das rechte Verständnis des Ablasses, der Buße und der Absolution) zur Frage nach der Autorität in der Kirche. Im Fall

---

[66] Diese Fragen sind auch vom Ökumenischen Arbeitskreis evangelischer und katholischer Theologen untersucht worden. Ihre Arbeit findet sich in Th. Schneider/G. Wenz (Hg.), Das kirchliche Amt in apostolischer Nachfolge I: Grundlagen und Grundfragen, Freiburg/Göttingen 2004; D. Sattler/G. Wenz (Hg.), Das kirchliche Amt in apostolischer Nachfolge II: Ursprünge und Wandlungen, Freiburg/Göttingen 2006; D. Sattler/G. Wenz (Hg.), Das kirchliche Amt in apostolischer Nachfolge III: Verständigungen und Differenzen, Freiburg/Göttingen 2008.
[67] Sylvester Prierias, Dialogus de potestate papae, in: P. Fabisch/E. Iserloh (Hg.), Dokumente zur *Causa Lutheri* (1517–1521), 1. Teil (Corpus Catholicorum 41), Münster 1988, 55.
[68] Johannes Eck, Enchiridion locorum communium adversus Lutherum et alios hostes ecclesiae (1525–1543), hg. v. P. Fraenkel (Corpus Catholicorum 34), Münster 1979, 27.

eines Konflikts zwischen verschiedenen Autoritäten konnte Luther nur die Heilige Schrift als höchsten Richter betrachten, weil sie sich selbst als wirksame und machtvolle Autorität erwiesen hatte, während andere Autoritäten ihre Macht nur von ihr herleiteten.

196. Luther verstand die Schrift als das erste Prinzip (*primum principium*)[69], auf das alle theologischen Urteile direkt oder indirekt gegründet sein müssen. Als Professor, Prediger, Seelsorger und Gesprächspartner praktizierte er Theologie als konsistente und komplexe Interpretation der Schrift. Er war überzeugt, dass Christen und Theologen nicht allein der Schrift anhangen, sondern in ihr leben und bleiben sollten. Er nannte das Evangelium »den Mutterleib Gottes, in dem er uns empfängt, trägt und gebiert«[70].

197. Die rechte Weise, Theologie zu studieren, ist nach Luther ein dreistufiger Prozess von *oratio* (Gebet), *meditatio* (Meditation), *tentatio* (Anfechtung).[71] Die Schrift soll in der Gegenwart Gottes gelesen werden, im Gebet, mit der Bitte um den Heiligen Geist als Lehrer; die Worte der Bibel sollen beharrlich meditiert werden, während man aufmerksam auf Lebenssituationen achtet, die dem widersprechen, was man dort findet. In diesem Prozess erweist die Schrift ihre Autorität darin, dass sie diese Anfechtungen überwindet. So stellte Luther fest: »Beachte, dass das die Kraft der Schrift ist, dass sie nicht in den verwandelt wird, der sie studiert, sondern dass sie den, der sie liebt, in sich und in ihre Kräfte verwandelt«[72]. In diesem Erfahrungszusammenhang erschließt sich, dass nicht nur der Mensch die Schrift auslegt, vielmehr wird er auch von ihr ausgelegt, und das ist der Erweis ihrer Vollmacht und Autorität.

198. Die Schrift ist das Zeugnis von Gottes Offenbarung; daher soll der Theologe sorgfältig der Weise folgen, in der Gottes Offenbarung in den biblischen Büchern zum Ausdruck gebracht wird (*modus loquendi scripturae*). Sonst würde Gottes Offenbarung nicht völlig ernst genommen.

---

[69] Vgl. WA 7; 97,16-98,16 (Assertio omnium articulorum; 1520).
[70] WA 10/I,1; 232,13f. (Kirchenpostille; 1522).
[71] Vgl. WA 50; 595,5-660,16 (Vorwort zur Wittenberger Ausgabe von Luthers deutschen Schriften; 1539).
[72] WA 3; 397,9-11 (Dictata super Psalterium; 1513-1515).

Die vielfachen Stimmen der Schrift werden durch ihren Bezug auf Jesus Christus zu einem Ganzen integriert. »Nimm Christus aus den Schriften, was wirst du weiter in ihnen finden?«[73] Darum ist das »Was Christum treibet« der Maßstab, wenn das Problem der Kanonizität und der Grenzen des Kanons erörtert wird. Es ist ein Maßstab, der aus der Schrift selbst entwickelt wird und in einigen Fällen auch kritisch auf einzelne Bücher angewandt wird, wie etwa auf den Jakobusbrief.

199. Luther selbst hat den Ausdruck »allein die Schrift« (*sola scriptura*) selten gebraucht. Sein Hauptanliegen war, dass nichts eine höhere Autorität beanspruchen kann als die Schrift. Er wandte sich mit größter Schärfe gegen jeden und jedes, das die Aussagen der Schrift veränderte oder verdrängte. Aber obgleich er die Autorität der Schrift allein betonte, las er die Schrift nicht allein, sondern mit Bezug auf bestimmte Kontexte und in Bezug auf das christologische und trinitarische Bekenntnis der frühen Kirche, das für ihn die Absicht und Meinung der Schrift zum Ausdruck brachte. Er hörte nicht auf, die Schrift durch den Kleinen und Großen Katechismus zu lernen, die er als kurze Summarien der Schrift verstand. Er vollzog seine Auslegung mit Bezug auf die Kirchenväter, vor allem Augustin; er machte intensiven Gebrauch von früheren Auslegungen, und er benutzte alle verfügbaren Hilfsmittel der humanistischen Philologie. Er vollzog seine Auslegung der Schrift in direkter Auseinandersetzung mit den theologischen Konzeptionen seiner Zeit und denen früherer Generationen. Seine Leseweise der Bibel war erfahrungsgestützt, und er praktizierte sie konsequent in der Gemeinschaft der Glaubenden.

200. Nach Luther steht die Heilige Schrift nicht in Gegensatz zu jeder Tradition, sondern nur zu den sogenannten menschlichen Traditionen. Von ihnen sagt er: »Wir tadeln die Lehren von Menschen nicht deshalb, weil Menschen sie gesprochen haben, sondern weil sie Lügen und Lästerungen gegen die Schrift sind. Und die Schrift, auch wenn sie von Menschen geschrieben ist, ist weder durch Menschen noch von Menschen, sondern von Gott.«[74] Wenn eine andere Autorität beurteilt wird, war die für Luther entscheidende Frage, ob diese Autorität die Schrift ver-

---

[73] WA 18; 606,29 (De servo arbitrio; 1525).
[74] WA 10/II; 92,4–7 (Von Menschenlehre zu meiden; 1522).

dunkelt oder ihre Botschaft zur Geltung bringt und so in einem bestimmten Kontext relevant macht. Auf Grund ihrer äußeren Klarheit kann die Bedeutung der Heiligen Schrift erkannt werden, während sie in der Kraft des Heiligen Geistes die Herzen von Menschen von ihrer Wahrheit zu überzeugen vermag (innere Klarheit der Schrift). In diesem Sinn ist die Schrift ihr eigener Interpret.

KATHOLISCHE ANLIEGEN HINSICHTLICH SCHRIFT, TRADITION UND AUTORITÄT

201. In einer Zeit, in der neue Fragen bezüglich der Unterscheidung von Traditionen und der Autorität, die die Schrift zu interpretieren hat, aufkamen, versuchten das Konzil von Trient wie auch zeitgenössische Theologen, eine ausgewogene Antwort zu geben. Es war katholische Erfahrung, dass das kirchliche Leben bereichert und bestimmt wird durch verschiedene Faktoren, die sich nicht auf die Schrift allein reduzieren lassen. Trient hielt fest, dass die Schrift und die ungeschriebenen apostolischen Traditionen zwei Mittel zur Weitergabe des Evangeliums sind. Das erfordert, dass man apostolische Traditionen von kirchlichen Traditionen, die wertvoll, aber zweitrangig und veränderbar sind, unterscheidet. Katholiken machte auch die mögliche Gefahr Sorge, dass aus privaten Auslegungen der Schrift lehrmäßige Schlüsse gezogen würden. In diesem Licht betonte das Konzil von Trient, dass die Auslegung der Schrift von der Lehrautorität der Kirche geleitet werden sollte.

202. Katholische Lehrer wie Melchior Cano erkannten, dass die Autorität des kirchlichen Lehrens als komplexe Größe einzuschätzen ist. Cano entwickelte ein System von zehn Loci, Quellen der Theologie, wobei er nacheinander die Autorität der Schrift, der mündlichen apostolischen Tradition, der katholischen Kirche, der Konzilien, der Kirche von Rom, der Kirchenväter, der scholastischen Theologen, der natürlichen Vernunft, die Autorität der Philosophen und die Autorität der Geschichte erörterte. Schließlich untersuchte er den Gebrauch und die Anwendung dieser Loci oder Quellen in der scholastischen Debatte und theologischen Polemik.[75]

---

[75] Melchior Cano, De locis theologicis, Bd. 1, Kap. 3 (J.-P. Migne, Theologiae cursus completus, Paris 1857, Sp. 82).

203. Während der folgenden Jahrhunderte gab es jedoch eine Tendenz, das Lehramt als verbindliche Auslegungsautorität von den anderen theologischen Loci zu isolieren. Kirchliche Traditionen wurden manchmal mit apostolischen Traditionen durcheinandergebracht und darum als gleichrangige materiale Quellen für den christlichen Glauben behandelt. Die Möglichkeit einer Kritik kirchlicher Traditionen wurde nur widerstrebend anerkannt. Die Theologie des Zweiten Vatikanischen Konzils hat im Ganzen eine ausgewogenere Sicht der verschiedenen Autoritäten in der Kirche und der Beziehung zwischen Schrift und Tradition. In der Offenbarungskonstitution bekräftigt ein Text über das Lehramt zum ersten Mal: »Das Lehramt ist nicht über dem Wort Gottes, sondern dient ihm« (DV 10).

204. Die Rolle der Heiligen Schrift im Leben der Kirche wird stark betont, wenn das Zweite Vatikanische Konzil sagt: »Und solche Gewalt und Kraft west im Worte Gottes, dass es für die Kirche Halt und Leben, für die Kinder der Kirche Glaubensstärke, Seelenspeise und reiner unversieglicher Quell des geistlichen Lebens ist« (DV 21). Darum werden die Gläubigen ermahnt, die Lesung der Heiligen Schrift, in der Gott zu ihnen spricht, zu praktizieren, begleitet vom Gebet (DV 25).

205. Der ökumenische Dialog verhilft Lutheranern und Katholiken zu einer differenzierteren Sicht der relevanten Bezugspunkte und Autoritäten, die im Prozess der Erkenntnis des christlichen Glaubens und der Weise, wie er das Leben der Kirche prägen sollte, eine Rolle spielen.

DER KATHOLISCH-LUTHERISCHE DIALOG ÜBER SCHRIFT UND TRADITION

206. Als Konsequenz der biblischen Erneuerung, welche die Dogmatische Konstitution *Dei Verbum* des Zweiten Vatikanischen Konzils inspirierte, wurde ein neues ökumenisches Verständnis von der Rolle und Bedeutung der Heiligen Schrift möglich. So stellt das ökumenische Dokument *Die Apostolizität der Kirche* fest: »[…] die katholische Lehre [hält] nicht das für wahr, was die reformatorische Theologie befürchtet und unter allen Umständen vermeiden will, nämlich eine Ableitung der kanonischen und verbindlichen Autorität der Schrift aus der Autorität der kirchlichen Hierarchie, die den Kanon bekannt macht.« (ApK 400)

207. Im Dialog haben Katholiken Überzeugungen betont, die sie zusammen mit der Reformation vertreten, wie die Wirksamkeit des vom Geist inspirierten biblischen Textes, »indem er die geoffenbarte Wahrheit vermittelt, die Geist und Herz formt, wie es 2 Tim 3,17 bestätigt und vom Zweiten Vatikanischen Konzil erklärt wird (DV 21–25)« (ApK 409). Katholiken fügen hinzu, »dass diese Wirksamkeit durch die Zeit hindurch in der Kirche geschah, nicht nur bei einzelnen Gläubigen, sondern auch in der kirchlichen Tradition, sowohl in hochrangigen Lehräußerungen wie in der Glaubensregel, den Glaubensbekenntnissen und in konziliaren Lehren sowie in den Grundstrukturen des öffentlichen Gottesdienstes. [...] Die Schrift hat sich selbst *in der Tradition* gegenwärtig gemacht, die deshalb eine wesentliche hermeneutische Rolle zu spielen vermag. Das Zweite Vatikanische Konzil sagt nicht, dass die Tradition neue Wahrheiten über die Schrift hinaus hervorruft, aber dass sie *Gewissheit* über die von der Schrift beglaubigte Wahrheit vermittelt.« (ApK 410)

208. Eine Frucht des ökumenischen Dialogs für die lutherische Theologie ist ihre Offenheit für die katholische Überzeugung, dass sich die Wirksamkeit der Schrift nicht nur in Einzelnen, sondern auch in der Kirche als Ganzer erweist. Die Rolle der lutherischen Bekenntnisse in den lutherischen Kirchen ist ein Beleg dafür.

Schrift und Tradition

209. Heute werden darum Rolle und Bedeutung von Heiliger Schrift und Tradition in der Römisch-katholischen Kirche anders verstanden als von Luthers theologischen Gegnern. Im Blick auf die Frage nach der authentischen Auslegung der Heiligen Schrift haben Katholiken erklärt: »Wenn die katholische Lehre daran festhält, dass das ›Urteil der Kirche‹ eine Rolle bei der authentischen Auslegung der Schrift spielt, schreibt sie dem kirchlichen Lehramt kein Monopol in der Auslegung zu, das die Reformatoren zu Recht fürchten und ablehnen. Bereits vor der Reformation haben bedeutende Personen auf die Pluralität der Ausleger in der Kirche hingewiesen [...]. Dort, wo das Zweite Vatikanische Konzil davon spricht, dass der Kirche letztlich das Urteil zukommt (DV 12), schließt es offensichtlich einen monopolistischen Anspruch des Lehramts, das einzige Auslegungsorgan zu sein, aus, was bestätigt wird sowohl durch die Jahrhunderte alte offizielle Förderung katholischer

Bibelstudien als auch durch die Anerkennung der Rolle des Exegese beim Reifen des Urteils des lehramtlichen Lehrens (DV 12).« (ApK 407)

210. Daher sind Katholiken und Lutheraner in der Lage, gemeinsam den Schluss zu ziehen:»«Deshalb befinden sich Lutheraner und Katholiken mit Blick auf Schrift und Tradition in einer so weitgehenden Übereinstimmung, dass ihre unterschiedlichen Akzentsetzungen nicht aus sich selbst heraus die gegenwärtige Trennung der Kirchen rechtfertigen. Auf diesem Gebiet gibt es eine Einheit in versöhnter Verschiedenheit.« (ApK 448)[76]

Der Blick nach vorn: Das Evangelium und die Kirche

211. Der ökumenische Dialog hat Katholiken nicht nur ein besseres Verständnis der Theologie Martin Luthers gegeben, er hat auch in Verbindung mit historischer und theologischer Forschung Lutheranern und Katholiken ein besseres wechselseitiges Verständnis ihrer jeweiligen Lehren vermittelt, der Hauptpunkte, in denen sie übereinstimmen, wie der Themen, die weitergehender Gespräche bedürfen. Die Kirche war ein wichtiger Gegenstand in diesen Diskussionen.

212. Das Wesen der Kirche war ein Kontroversthema in der Zeit der Reformation. Die vorrangige Frage war die nach dem Verhältnis zwischen dem Heilshandeln Gottes und der Kirche, die Gottes Gnade empfängt und weitergibt in Wort und Sakrament. Das Verhältnis von Evangelium und Kirche war das Thema der ersten Phase des internationalen lutherisch/römisch-katholischen Dialogs. Auf Grund von dessen Malta-Bericht und vieler anderer folgender ökumenischer Dokumente ist es heute möglich, die lutherischen und katholischen Positionen besser zu verstehen und sowohl das gemeinsame Verständnis wie die Fragen, die weiterer Untersuchung bedürfen, festzustellen.

---

[76] Diese Fragen sind auch vom Ökumenischen Arbeitskreis evangelischer und katholischer Theologen untersucht worden. Ihre Arbeit findet sich in W. Pannenberg/Th. Schneider (Hg.), Verbindliches Zeugnis I: Kanon – Schrift – Tradition, Freiburg/Göttingen 1992; dies. (Hg.), Verbindliches Zeugnis II: Schriftauslegung – Lehramt – Rezeption, Freiburg/Göttingen 1995; dies. (Hg.), Verbindliches Zeugnis III: Schriftverständnis und Schriftgebrauch, Freiburg/Göttingen 1998.

Die Kirche in der lutherischen Tradition

213. In der lutherischen Tradition wird die Kirche verstanden als »die Versammlung der Heiligen, in der das Evangelium rein gepredigt und die Sakramente recht verwaltet werden« (CA VII). Somit hat das geistliche Leben sein Zentrum in der Ortsgemeinde, die um Kanzel und Altar versammelt ist. Das schließt die Dimension der universalen Kirche ein, weil jede einzelne Gottesdienstgemeinde mit den anderen verbunden ist durch die reine Lehre und die rechte Feier der Sakramente, für die das Amt in der Kirche eingesetzt ist. Bemerkenswerterweise versteht Luther im Großen Katechismus die Kirche als »die Mutter, die jeden Christen zeugt und trägt durch das Wort Gottes, das der Heilige Geist offenbart und treibt [...] So bleibt der Heilige Geist bei der heiligen Gemeine oder Christenheit bis auf den Jüngsten Tag. Durch sie holt er uns, er gebraucht sie dazu, das Wort zu führen und zu treiben.«[77]

Die Kirche in der katholischen Tradition

214. Die Lehre des Zweiten Vatikanischen Konzils in *Lumen gentium* ist für das katholische Verständnis der Kirche wesentlich. Die Konzilsväter erklärten die Rolle der Kirche in der Heilsgeschichte mit dem Begriff der Sakramentalität: »Die Kirche ist ja in Christus gleichsam das Sakrament, das heißt Zeichen und Werkzeug für die innigste Vereinigung mit Gott wie für die Einheit der ganzen Menschheit.« (LG 1)

215. Ein grundlegender Begriff zur Erklärung dieses sakramentalen Verständnisses der Kirche ist der Begriff des Geheimnisses (*mysterium*); er bekräftigt die untrennbare Beziehung zwischen den sichtbaren und unsichtbaren Aspekten der Kirche. Die Konzilsväter lehrten: »Der einzige Mittler Christus hat seine heilige Kirche, die Gemeinschaft des Glaubens, der Hoffnung und der Liebe, hier auf Erden als sichtbares Gefüge verfasst und trägt sie als solches unablässig; so gießt er durch sie Wahrheit und Gnade auf alle aus. Die mit hierarchischen Organen ausgestattete Gesellschaft und der geheimnisvolle Leib Christi, die sichtbare Versammlung und die geistliche Gemeinschaft, die irdische Kirche und die mit himmlischen Gaben beschenkte Kirche sind nicht

---

[77] BSLK 655,3–6; 657,42–46.

als zwei verschiedene Größen zu betrachten, sondern bilden eine einzige komplexe Wirklichkeit, die aus menschlichem und göttlichem Element zusammenwächst.« (LG 8)

IN RICHTUNG KONSENS

216. In den lutherisch-katholischen Gesprächen hat sich ein klarer Konsens herausgebildet, dass die Lehre von der Rechtfertigung und die Lehre von der Kirche zusammengehören. Dieses gemeinsame Verständnis wird in dem Dokument *Kirche und Rechtfertigung* festgestellt:»Katholiken und Lutheraner bezeugen gemeinsam das allein in Christus und allein aus Gnade geschenkte, im Glauben empfangene Heil. Sie beten gemeinsam im Glaubensbekenntnis: Wir glauben ›die eine, heilige, katholische/allgemeine und apostolische Kirche‹.« (Kirche und Rechtfertigung, Nr. 4)

217. *Kirche und Rechtfertigung* stellt ebenfalls fest:»Im eigentlichen und strengen Sinn glauben wir nicht an die Rechtfertigung und an die Kirche, sondern an den Vater, der sich unser erbarmt und uns in der Kirche als sein Volk versammelt, an Christus, der uns rechtfertigt und dessen Leib die Kirche ist, und an den Heiligen Geist, der uns heiligt und der in der Kirche lebt. Unser Glaube erstreckt sich auf Rechtfertigung und Kirche als Werke des dreifaltigen Gottes, die nur im Glauben an ihn richtig angenommen werden können.« (Kirche und Rechtfertigung, Nr. 5)

218. Obgleich die Dokumente *Kirche und Rechtfertigung* und *Die Apostolizität der Kirche* bedeutende Beiträge zu einer Anzahl von zwischen Katholiken und Lutheranern ungelösten Fragen leisteten, bedarf es weiterer ökumenischer Gespräche über die Beziehung zwischen Sichtbarkeit und Unsichtbarkeit der Kirche, die Beziehung zwischen Universalkirche und Ortskirche, über die Kirche als Sakrament, über die Notwendigkeit der sakramentalen Ordination im Leben der Kirche und über den sakramentalen Charakter der Bischofsweihe. Zukünftige Diskussionen sollten die in den genannten und in anderen wichtigen ökumenischen Dokumenten getane Arbeit in Betracht ziehen. Diese Aufgabe ist so dringend, weil Katholiken und Lutheraner nie aufgehört haben, miteinander den Glauben an die »eine, heilige, katholische und apostolische Kirche« zu bekennen.

Kapitel V

Zum gemeinsamen Gedenken aufgerufen

Die Taufe: Die Grundlage für Einheit und gemeinsames Gedenken

219. Die Kirche ist der Leib Christi. Da es nur einen Christus gibt, kann es auch nur einen Leib geben. Durch die Taufe werden Menschen zu Gliedern dieses Leibes.

220. Das Zweite Vatikanische Konzil lehrt, dass Menschen, die getauft sind und an Christus glauben, jedoch nicht der Römisch-katholischen Kirche angehören, »durch den Glauben in der Taufe gerechtfertigt und dem Leibe Christi eingegliedert [sind]«; »mit Recht werden sie von den Söhnen der katholischen Kirche als Brüder im Herrn anerkannt« (UR 3). Evangelische Christen sagen dasselbe über ihre katholischen Mitchristen.

221. Weil Katholiken und Lutheraner als Glieder des Leibes Christi miteinander verbunden sind, trifft auf sie zu, was Paulus in 1 Kor 12,26 sagt: »Wenn darum ein Glied leidet, leiden alle Glieder mit; wenn ein Glied geehrt wird, freuen sich alle anderen mit ihm.« Was ein Glied des Leibes betrifft, betrifft auch alle anderen. Wenn also die evangelischen Christen der Ereignisse gedenken, die zu der besonderen Gestalt ihrer Kirchen geführt haben, möchten sie das nicht ohne ihre katholischen Mitchristen tun. Indem sie miteinander des Reformationsbeginns gedenken, nehmen sie ihre Taufe ernst.

222. Weil sie glauben, dass sie zu dem einen Leib Christi gehören, betonen Lutheraner, dass ihre Kirche nicht mit der Reformation entstand oder

erst seit 500 Jahren besteht. Vielmehr sind sie davon überzeugt, dass die evangelischen Kirchen ihren Ursprung im Pfingstgeschehen und in der Verkündigung der Apostel haben. Ihre Kirchen erhielten die ihnen eigene Gestalt allerdings durch die Lehre und die Bemühungen der Reformatoren. Die Reformatoren hatten nicht das Bestreben, eine neue Kirche zu gründen, und nach ihrem eigenen Verständnis taten sie das auch nicht. Sie wollten die Kirche umgestalten, und innerhalb ihres Einflussbereiches gelang ihnen dies auch, wenn auch mit Fehlern und Fehlentscheidungen.

Das Gedenken vorbereiten

223. Als Glieder des einen Leibes gedenken Katholiken und Lutheraner gemeinsam des Reformationsgeschehens, das zu dem Ergebnis führte, dass sie seitdem in getrennten Gemeinschaften leben, obwohl sie immer noch zu dem einen Leib gehören. Das ist eine unmögliche Möglichkeit und die Quelle großen Schmerzes. Da sie zu dem einen Leib gehören, ringen Katholiken und Lutheraner angesichts ihrer Spaltung um die volle Katholizität der Kirche. Dieses Ringen hat zwei Seiten: die Anerkennung dessen, was ihnen gemeinsam ist und sie miteinander verbindet, und die Anerkennung dessen, was sie trennt. Das Erste ist Anlass zu Dankbarkeit und Freude; das Zweite ist Anlass für Schmerz und Klage.

224. Wenn im Jahr 2017 evangelische Christen den Jahrestag des Reformationsbeginns feiern werden, feiern sie damit nicht die Spaltung der Kirche des Westens. Kein theologisch Verantwortlicher kann die Trennung der Christen feiern.

Gemeinsame Freude am Evangelium

225. Lutheraner sind von Herzen dankbar für das, was Luther und die anderen Reformatoren ihnen eröffnet haben: das Verständnis des Evangeliums von Jesus Christus und des Glaubens an ihn; die Einsicht in das Geheimnis des Dreieinigen Gottes, der sich selbst aus Gnade uns Menschen schenkt und der nur im vollen Vertrauen in die göttliche Verheißung empfangen werden kann; die Einsicht in die Freiheit und

Gewissheit, die das Evangelium schafft; die Einsicht in die Liebe, die aus dem Glauben kommt und durch ihn erweckt wird, und in die Hoffnung im Leben und im Tod, die der Glaube mit sich bringt; den lebendigen Umgang mit der Heiligen Schrift, die Katechismen und Kirchenlieder, die den Glauben in das Leben ziehen. Unsere Erinnerung und das vor uns liegende Gedenken werden diese Liste erweitern und weitere Gründe, dankbar zu sein, hinzufügen. Diese Dankbarkeit ist es, die evangelische Christen bewegt, im Jahr 2017 zu feiern.

226. Lutheranern ist auch bewusst, dass das, wofür sie Gott danken, kein Geschenk ist, das sie nur für sich beanspruchen können. Sie möchten dieses Geschenk mit allen anderen Christen teilen. Aus diesem Grund laden sie alle Christen ein, mit ihnen zu feiern. Wie das vorige Kapitel gezeigt hat, haben Katholiken und Lutheraner so viele Gemeinsamkeiten im Glauben, dass sie gemeinsam dankbar sein können – und tatsächlich auch sein sollten, besonders am Gedenktag der Reformation.

227. Das nimmt einen Impuls aus dem Zweiten Vatikanischen Konzil auf: Es ist »notwendig, dass die Katholiken die wahrhaft christlichen Güter aus dem gemeinsamen Erbe mit Freude anerkennen und hochschätzen, die sich bei den von uns getrennten Brüdern finden. Es ist billig und heilsam, die Reichtümer Christi und das Wirken der Geisteskräfte im Leben der anderen anzuerkennen, die für Christus Zeugnis geben, manchmal bis zur Hingabe des Lebens: Denn Gott ist immer wunderbar und bewunderungswürdig in seinen Werken« (UR 4).

Gründe für Bedauern und Klage

228. Wie das gemeinsame Gedenken 2017 Freude und Dankbarkeit zum Ausdruck bringt, muss es Lutheranern und Katholiken auch Raum geben, den Schmerz über Versagen und Verletzungen, Schuld und Sünde in den Personen und Ereignissen, an die erinnert wird, wahrzunehmen.

229. Bei dieser Gelegenheit werden Lutheraner auch an die gehässigen und herabsetzenden Äußerungen Luthers über die Juden erinnern. Sie schämen sich dafür und verurteilen sie zutiefst. Mit einem tiefen Gefühl des Bedauerns sind sich Lutheraner der Tatsache bewusst geworden,

dass lutherische Obrigkeiten Täufer verfolgt haben und dass diese Verfolgung durch Martin Luther und Philipp Melanchthon theologisch befürwortet wurde. Sie beklagen Luthers heftige Angriffe gegen die Bauern während des Bauernkriegs. Das Bewusstsein der dunklen Seiten Luthers und der Reformation hat lutherische Theologen zu einer kritischen und selbstkritischen Haltung gegenüber Luther und der Wittenberger Reformation veranlasst. Auch wenn sie teilweise der Kritik Luthers am Papsttum zustimmen, so lehnen Lutheraner heute dennoch Luthers Gleichsetzung des Papstes mit dem Antichrist ab.

230. Weil Jesus Christus vor seinem Tod zum Vater betete, »dass sie alle eins sein«, ist klar, dass eine Spaltung des Leibes Christi dem Willen des Herrn entgegensteht. Sie widerspricht auch der ausdrücklichen apostolischen Ermahnung, die wir in Epheser 4,3–6 hören: »Bemüht euch, die Einheit des Geistes zu wahren durch den Frieden, der euch zusammenhält. Ein Leib und ein Geist, wie euch durch eure Berufung auch eine gemeinsame Hoffnung gegeben ist; ein Herr, ein Glaube, eine Taufe, ein Gott und Vater aller, der über allem und durch alles und in allen ist.« Die Spaltung des Leibes Christi steht in Widerspruch zum Willen Gottes.

DIE VERGANGENHEIT BEURTEILEN

231. Wenn Katholiken und Lutheraner gemeinsam an die theologischen Kontroversen und Geschehnisse des 16. Jahrhunderts aus dieser Perspektive erinnern, müssen sie die Umstände dieses Jahrhunderts in Betracht ziehen. Lutheraner und Katholiken im 16. Jahrhundert können nicht für alles verantwortlich gemacht werden, was in den religiösen Konflikten geschehen ist, da viele Ereignisse sich ihrer Kontrolle entzogen. In diesem Jahrhundert waren theologische Überzeugungen und machtpolitische Interessen oft ineinander verwoben. Viele Politiker benutzten häufig genuin theologische Ideen, um ihre Ziele zu erreichen, während viele Theologen ihre eigenen theologischen Grundsätze mit politischen Mitteln vorantrieben. In diesem komplexen Umfeld mit zahlreichen Faktoren ist es schwer, die Verantwortung für die Auswirkungen bestimmter Aktionen einzelnen Personen zuzuschreiben und sie als Schuldige zu benennen.

232. Die Spaltungen im 16. Jahrhundert wurzelten in einem unterschiedlichen Verständnis der Wahrheit des christlichen Glaubens. Die Kontroversen waren besonders hitzig, weil man der Überzeugung war, dass das Heil auf dem Spiel stand. Auf beiden Seiten hielten Menschen an theologischen Überzeugungen fest, die sie nicht aufgeben konnten. Man darf niemandem einen Vorwurf machen, der seinem Gewissen folgt, wenn es durch das Wort Gottes geformt ist und wenn es zu seinen Urteilen nach ernsthafter Beratung mit anderen gekommen ist.

233. Eine ganz andere Sache ist jedoch, *wie* Theologen ihre theologischen Überzeugungen im Kampf um die öffentliche Meinung vorgebracht haben. Im 16. Jahrhundert haben Katholiken und Lutheraner ihre Gegner oft nicht nur missverstanden, vielmehr stellten sie deren Meinung übertrieben dar und karikierten sie, um sie lächerlich zu machen. Sie verstießen immer wieder gegen das achte Gebot, das verbietet, falsches Zeugnis wider den Nächsten zu geben. Selbst wenn die Gegner manchmal geistig fair zueinander waren, war die Bereitwilligkeit, dem anderen zuzuhören und sein Ansinnen ernst zu nehmen, unzureichend. Die Kontrahenten wollten ihre Gegner widerlegen und bezwingen, und sie taten dies häufig dadurch, dass sie Konflikte bewusst verschärften, statt Lösungen zu suchen, indem sie auf das geschaut hätten, was sie gemeinsam hatten. Bei der Charakterisierung der Gegenseite spielten Vorurteile und Missverständnisse eine große Rolle. Gegensätze wurden konstruiert und an die nächste Generation weitergegeben. Hier haben beide Seiten allen Grund, die Art und Weise zu bedauern und zu beklagen, wie sie ihre Debatten geführt haben. Sowohl Lutheraner als auch Katholiken tragen Schuld. Es ist notwendig, sie in der Erinnerung an die Ereignisse vor 500 Jahren offen zu bekennen.

KATHOLISCHES BEKENNTNIS VON SÜNDEN GEGEN DIE EINHEIT

234. Bereits in seiner Botschaft an den Reichstag in Nürnberg am 25. November 1522 beklagte Papst Hadrian VI. Missbräuche und Vergehen, Sünden und Fehler, sofern kirchliche Autoritäten sie begangen hatten. Viel später – während des letzten Jahrhunderts – hat Papst Paul VI. in seiner Eröffnungsrede zur zweiten Sitzung des Zweiten Vatikanischen Konzils Gott und die getrennten Brüder des Ostens um Verzeihung gebeten. Diese Geste des Papstes fand Ausdruck im Konzil

selbst, vor allem im Ökumenismusdekret[78] und in der Konzilserklärung über die Haltung der Kirche zu den nichtchristlichen Religionen *Nostra Aetate*[79].

235. In seiner Fastenpredigt »Tag der Vergebung« hat Papst Johannes Paul II. in ähnlicher Weise Schuld anerkannt und um Vergebung gebeten als Teil der Feier des Heiligen Jahres 2000.[80] Er hat als Erster nicht nur sein Bedauern wiederholt wie sein Amtsvorgänger Paul VI. und wie die Konzilsväter im Hinblick auf die schmerzhaften Erinnerungen, sondern ist weiter gegangen. Er bezog die Bitte um Vergebung auch auf das Amt des Bischofs von Rom. In seiner Enzyklika *Ut Unum Sint* weist er auf seinen Besuch beim Weltkirchenrat in Genf am 12. Juni 1984 hin; dabei gesteht er zu, dass »die Überzeugung der katholischen Kirche, in Treue zur apostolischen Überlieferung und zum Glauben der Väter im Amt des Bischofs von Rom das sichtbare Zeichen und den Garanten der Einheit bewahrt zu haben, freilich eine Schwierigkeit für den Großteil der anderen Christen darstellt, deren Gedächtnis durch gewisse schmerzliche Erinnerungen gezeichnet ist«. Dann fügte er hinzu: »Soweit wir dafür verantwortlich sind, bitte ich mit meinem Vorgänger Paul VI. um Verzeihung.«[81]

LUTHERISCHES BEKENNTNIS VON SÜNDEN GEGEN DIE EINHEIT

236. Auf seiner Fünften Vollversammlung in Evian 1970 hat der Lutherische Weltbund als Antwort auf eine tief bewegende Ansprache von Johannes Kardinal Willebrands erklärt, dass »wir als lutherische Christen und Gemeinden bereit sind zu sehen, wie das Urteil der Reformatoren über

---

[78] »In Demut bitten wir also Gott und die getrennten Brüder um Verzeihung, wie auch wir unseren Schuldigern vergeben.« (UR 7)
[79] »Im Bewusstsein des Erbes, das sie mit den Juden gemeinsam hat, beklagt die Kirche, die alle Verfolgungen gegen irgendwelche Menschen verwirft, nicht aus politischen Gründen, sondern auf Antrieb der religiösen Liebe des Evangeliums alle Hassausbrüche, Verfolgungen und Manifestationen des Antisemitismus, die sich zu irgendeiner Zeit und von irgend jemandem gegen die Juden gerichtet haben.« (NA 4)
[80] Vgl. Johannes Paul II., »Tag der Vergebung«, 12. März 2000 (vatican.va/holy_father/john_paul_ii/homilies/2000/documents/hf_jp-ii_hom_20000312_pardon_en.html).
[81] Johannes Paul II., Ut Unum Sint 88 (25. Mai 1995).

die Römisch-katholische Kirche und Theologie ihrer Zeit oft nicht frei war von polemischen Verzerrungen, die zum Teil bis in die Gegenwart nachwirken. Wir bedauern aufrichtig, dass unsere römisch-katholischen Brüder durch solche polemischen Darstellungen gekränkt und missverstanden worden sind. Mit Dankbarkeit erinnern wir uns an die Erklärung Papst Pauls VI. zu Beginn der zweiten Session des Zweiten Vatikanischen Konzils, in der er seine Bitte um Vergebung aussprach für alle Kränkungen, die durch die Römisch-katholische Kirche geschehen sind. Im Gebet des Herrn bitten wir zusammen mit allen Christen um Vergebung. Lasst uns deshalb darauf bedacht sein, einander aufrichtig und in Liebe zu begegnen.«[82]

237. Lutheraner bekannten auch ihr eigenes Fehlverhalten gegenüber anderen christlichen Traditionen. Auf seiner Elften Vollversammlung in Stuttgart 2010 erklärte der Lutherische Weltbund, dass Lutheraner »tiefes Bedauern und Schmerz über die Verfolgung der Täufer durch lutherische Obrigkeiten empfinden und besonders darüber, dass lutherische Reformatoren diese Verfolgung theologisch unterstützt haben. Deshalb will der Rat des Lutherischen Weltbunds […] öffentlich sein tiefes Bedauern und seine Betrübnis darüber zum Ausdruck bringen. Im Vertrauen auf Gott, der in Jesus Christus die Welt mit sich versöhnte, bitten wir deshalb Gott und unsere mennonitischen Schwestern und Brüder um Vergebung für das Leiden, das unsere Vorfahren im 16. Jahrhundert den Täufern zugefügt haben, für das Vergessen oder Ignorieren dieser Verfolgung in den folgenden Jahrhunderten und für alle unzutreffenden, irreführenden und verletzenden Darstellungen der Täufer und Mennoniten, die lutherische AutorInnen bis heute in wissenschaftlicher oder nichtwissenschaftlicher Form verbreitet haben.«[83]

---

[82] Erklärung der Fünften Vollversammlung des LWB zum Besuch Kardinal Willebrands, in: Chr. Krause/W. Müller-Römheld (Hg.), Evian 1970, a. a. O. (siehe oben Anm. 6), 207f.
[83] Beschlussfassung zum Erbe der lutherischen Verfolgung von Täuferinnen und Täufern (http://www.lwb-vollversammlung.org/uploads/media/Mennonite_Statement-DE.pdf).

Kapitel VI

Fünf ökumenische Imperative

238. Katholiken und Lutheraner nehmen wahr, dass sie und die Gemeinschaften, in denen sie ihren Glauben leben, zu dem einen Leib Christi gehören. Es wächst das Bewusstsein, dass der Streit des 16. Jahrhunderts zu Ende ist. Die Gründe dafür, den Glauben der Anderen gegenseitig zu verurteilen, sind hinfällig geworden. So ergeben sich fünf Imperative für das gemeinsame Gedenken von Lutheranern und Katholiken im Jahr 2017.

239. Lutheraner und Katholiken sind aufgerufen, aus der Perspektive der Einheit des Leibes Christi zu denken und nach dem zu suchen, was diese Einheit zum Ausdruck bringt und der Gemeinschaft des einen Leibes Christi dient. Durch die Taufe erkennen sie einander gegenseitig als Christen an. Diese Orientierung erfordert eine fortwährende Umkehr des Herzens.

Der erste Imperativ: Katholiken und Lutheraner sollen immer von der Perspektive der Einheit und nicht von der Perspektive der Spaltung ausgehen, um das zu stärken, was sie gemeinsam haben, auch wenn es viel leichter ist, die Unterschiede zu sehen und zu erfahren.

240. Im Lauf der Geschichte haben Katholiken und Lutheraner ihre Bekenntnisse im Gegensatz zueinander bestimmt. So litten sie unter einer Einseitigkeit, die bis heute besteht, wenn es um bestimmte Fragen geht, wie zum Beispiel die Frage der Autorität. Da diese Probleme in ihrem wechselseitigen Konflikt wurzeln, können sie nur gelöst oder zumindest erörtert werden, wenn durch gemeinsame Anstrengungen die Gemein-

schaft vertieft und gestärkt wird. Katholiken und Lutheraner brauchen die Erfahrung, die Ermutigung und die Kritik des jeweils Anderen.

> *Der zweite Imperativ: Lutheraner und Katholiken müssen sich selbst ständig durch die Begegnung mit dem Anderen und durch das gegenseitige Zeugnis des Glaubens verändern lassen.*

241. Katholiken und Lutheraner haben durch den Dialog viel gelernt und sind zu der Erkenntnis gelangt, dass die Gemeinschaft miteinander unterschiedliche Formen und Grade haben kann. Mit Blick auf 2017 sollten sie ihre Anstrengungen erneuern – in Dankbarkeit für das, was bisher schon erreicht worden ist; mit Geduld und Beharrlichkeit, weil der Weg länger sein könnte als erwartet; mit Eifer, der es nicht zulässt, mit der gegenwärtigen Situation zufrieden zu sein; in Liebe füreinander auch in Zeiten der Uneinigkeit und des Konflikts; mit dem Glauben an den Heiligen Geist, in der Hoffnung, dass der Geist das Gebet Jesu zum Vater erfüllen wird, und mit aufrichtigem Gebet, das dies geschehen möge.

> *Der dritte Imperativ: Katholiken und Lutheraner sollen sich erneut dazu verpflichten, die sichtbare Einheit zu suchen, sie sollen gemeinsam erarbeiten, welche konkreten Schritte das bedeutet, und sie sollen immer neu nach diesem Ziel streben.*

242. Katholiken und Lutheraner haben die Aufgabe, ihren Mitchristen das Verständnis des Evangeliums und des christlichen Glaubens wie auch frühere Traditionen der Kirche neu zu erschließen. Die Herausforderung besteht darin zu verhindern, dass man durch die erneute Beschäftigung mit der Tradition in die alten konfessionellen Gegensätze zurückfällt.

> *Der vierte Imperativ: Lutheraner und Katholiken müssen gemeinsam die Kraft des Evangeliums Jesu Christi für unsere Zeit wiederentdecken.*

243. Ökumenisches Engagement für die Einheit der Kirche dient nicht nur der Kirche selbst, sondern auch der Welt, damit die Welt glaubt. Die missionarische Aufgabe der Ökumene wird größer, je pluralistischer unsere Gesellschaften in religiöser Hinsicht werden. Auch hier sind Umdenken und Umkehr gefordert.

> *Der fünfte Imperativ: Katholiken und Lutheraner sollen in der Verkündigung und im Dienst an der Welt zusammen Zeugnis für Gottes Gnade ablegen.*

244. Der ökumenische Weg ermöglicht es Lutheranern und Katholiken, gemeinsam Martin Luthers Einsicht und seine geistliche Erfahrung des Evangeliums von der Gerechtigkeit Gottes, die zugleich die Gnade Gottes ist, zu verstehen und zu würdigen. Im Vorwort zur Ausgabe seiner lateinischen Werke (1545) notierte er, dass er »dank Gottes Erbarmen, unablässig Tag und Nacht darüber nachsinnend«, ein neues Verständnis von Römer 1,17 gewonnen hatte: »Da hatte ich das Empfinden, dass ich ganz und gar neu geboren war, und dass ich durch geöffnete Pforten in das Paradies selbst eingetreten war. Da zeigte mir sogleich die ganze Schrift ein anderes Gesicht [...]. Später las ich Augustinus' *Der Geist und der Buchstabe,* wo ich wider Erwarten darauf stieß, dass auch er Gottes Gerechtigkeit auf ähnliche Weise interpretierte, als die Gerechtigkeit, mit der Gott uns bekleidet, wenn er uns rechtfertigt.«[84]

245. Das Gedenken an die Anfänge der Reformation ist dann angemessen, wenn Lutheraner und Katholiken gemeinsam das Evangelium von Jesus Christus hören und wenn sie sich immer wieder neu in die Gemeinschaft mit dem Herrn rufen lassen. Dann werden sie vereint sein in der gemeinsamen Sendung, wie sie die *Gemeinsame Erklärung zur Rechtfertigungslehre* beschreibt: »Lutheraner und Katholiken haben gemeinsam das Ziel, in allem Christus zu bekennen, dem allein über alles zu vertrauen ist als dem einen Mittler (1 Tim 2,5f.), durch den Gott im Heiligen Geist sich selbst gibt und seine erneuernden Gaben schenkt« (GE 18).

---

[84] WA 54; 186,3.8–10.16–18 (Vorrede zum ersten Band der Wittenberger Ausgabe der lateinischen Schriften Luthers; 1545).

Abkürzungen

ApK	Die Apostolizität der Kirche. Studiendokument der Lutherisch/ Römisch-katholischen Kommission für die Einheit, Paderborn/Frankfurt 2009
BSLK	Die Bekenntnisschriften der evangelisch-lutherischen Kirche, Göttingen ^{13}2010
CA	Confessio Augustana (BSLK, 31-137)
DH	H. Denzinger, Kompendium der Glaubensbekenntnisse und kirchlichen Lehrentscheidungen, hg. u. übersetzt v. P. Hünermann, Freiburg u. a. ^{40}2005
DV	Zweites Vatikanisches Konzil, Dogmatische Konstitution über die göttliche Offenbarung *Dei Verbum* (LThK², Erg.bd. II, 497-583)
DWÜ	H. Meyer/H. J. Urban/L. Vischer (Hg.), Dokumente wachsender Übereinstimmung. Sämtliche Berichte und Konsenstexte interkonfessioneller Gespräche auf Weltebene 1931-1982, Paderborn/Frankfurt 1983
DWÜ II	H. Meyer/D. Papandreou/H. J. Urban/L. Vischer (Hg.), Dokumente wachsender Übereinstimmung. Sämtliche Berichte und Konsenstexte interkonfessioneller Gespräche auf Weltebene, Bd. II: 1982-1990, Paderborn/Frankfurt 1992
DWÜ III	H. Meyer/D. Papandreou/H. J. Urban/L. Vischer (Hg.), Dokumente wachsender Übereinstimmung. Sämtliche Berichte und Konsenstexte interkonfessioneller Gespräche auf Weltebene, Bd. III: 1990-2001, Paderborn/Frankfurt 2003
FC SD	Formula Concordiae. Solida Declaratio (BSLK 829-1100)
GE	Lutherischer Weltbund/Päpstlicher Rat zur Förderung der Einheit der Christen, Gemeinsame Erklärung zur Rechtfertigungslehre. Gemeinsame offizielle Feststellung. Anhang (Annex) zur Gemeinsamen offiziellen Feststellung, Frankfurt/Paderborn 1999
Herrenmahl	Das Herrenmahl. Bericht der Gemeinsamen Römisch-katholischen/Evangelisch-lutherischen Kommission, 1978 (DWÜ, 271-295)
Kirche und Rechtfertigung	Kirche und Rechtfertigung. Das Verständnis der Kirche im Licht der Rechtfertigungslehre. Bericht der Gemeinsamen Römisch-katholischen/Evangelisch-lutherischen Kommission, 1993 (DWÜ III, 317-419)
LG	Zweites Vatikanisches Konzil, Dogmatische Konstitution über die Kirche *Lumen gentium* (LThK², Erg.bd. I, 137-347.348-359)
LThK²	Lexikon für Theologie und Kirche, 2. Aufl., 3 Ergänzungsbände [= Erg. bd.]: Das Zweite Vatikanische Konzil. Konstitutionen, Dekrete und Erklärungen, Teile I-III, Freiburg/Basel/Wien 1967
NA	Zweites Vatikanisches Konzil, Erklärung über das Verhältnis zu den nichtchristlichen Religionen *Nostra aetate* (LThK², Erg.bd. II, 405-495)

PO	Zweites Vatikanisches Konzil, Dekret über Dienst und Leben der Priester *Presbyterorum Ordinis* (LThK², Erg.bd. III, 127-239)
SC	Zweites Vatikanisches Konzil, Konstitution über die heilige Liturgie *Sacrosanctum Concilium* (LThK², Erg.bd. I, 9-109)
UR	Zweites Vatikanisches Konzil, Dekret über den Ökumenismus *Unitatis redintegratio* (LThK², Erg.bd. II, 9-126)
WA	D. Martin Luthers Werke. Kritische Gesamtausgabe (Weimarer Ausgabe), Weimar 1883-2009
WA Br	D. Martin Luthers Werke. Kritische Gesamtausgabe (Weimarer Ausgabe) Briefwechsel, Weimar 1930-1985
WA TR	D. Martin Luthers Werke. Kritische Gesamtausgabe (Weimarer Ausgabe) Tischreden, Weimar 1912-1921

Dokumente der Lutherisch/Römisch-katholischen Kommission für die Einheit

Phase I (1967–1972)

Das Evangelium und die Kirche (Malta-Bericht – 1972)

Phase II (1973–1984)

Das Herrenmahl (1978)
Wege zur Gemeinschaft (1980)
Alle unter einem Christus (1980)
Das geistliche Amt in der Kirche (1981)
Martin Luther – Zeuge Jesu Christi (1983)
Einheit vor uns (1984)

Phase III (1986–1993)

Kirche und Rechtfertigung (1993)

Phase IV (1995–2006)

Die Apostolizität der Kirche (2006)

»Gemeinsame Erklärung zur Rechtfertigungslehre«, unterzeichnet von Vertretern der Katholischen Kirche und des Lutherischen Weltbundes, 31. Oktober 1999

Lutherisch/Römisch-katholische Kommission für die Einheit

Lutherisch

Mitglieder

Bischof em. Dr. Eero Huovinen (Lutherischer Vorsitzender), Finnland
Pfr. Prof. Dr. Wanda Deifelt, Brasilien
Dr. Sandra Gintere, Lettland
Prof. Dr. Turid Karlsen Seim, Norwegen
Pfr. Dr. Fidon R. Mwombeki, Tansania
Prof. Dr. Friederike Nüssel, Deutschland
Prof. Dr. Michael Root, USA (2009)
Pfr. Prof. Dr. Hiroshi Augustine Suzuki, Japan
Pfr. Prof. Dr. Ronald F. Thiemann, USA (2010-2012†)

Berater

Pfr. Prof. Dr. Theodor Dieter, Institut für Ökumenische Forschung, Strasbourg

Stab

(Lutherischer Weltbund)
Prof. Dr. Kathryn L. Johnson, Sekretärin

Römisch-katholisch

Mitglieder

Bischof Prof. Dr. Gerhard Ludwig Müller (Katholischer Vorsitzender 2009-2012), Deutschland
Bischof Prof. Dr. Kurt Koch, Schweiz (2009)
Weihbischof Prof. Dr. Karlheinz Diez, Deutschland (seit 2012)
Pfr. Prof. Dr. Michel Fédou, S. J., Frankreich
Pfr. Prof. Dr. Angelo Maffeis, Italien
Prof. Dr. Thomas Söding, Deutschland
Prof. Dr. Christian D. Washburn, USA
Prof. Dr. Susan K. Wood., SCL., USA

BERATER

Prof. Dr. Eva-Maria Faber, Schweiz
Prof. Dr. Wolfgang Thönissen, Johann-Adam-Möhler-Institut für Ökumenik, Deutschland

STAB

(Päpstlicher Rat zur Förderung der Einheit der Christen)
Mons. Dr. Matthias Türk, Sekretär

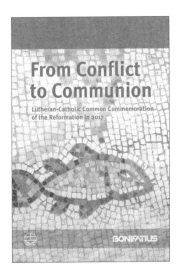

From Conflict to Communion
Lutheran-Catholic Common
Commemoration of the
Reformation in 2017

96 Seiten | Paperback | 15,5 x 23 cm
ISBN 978-3-374-03390-4
EUR 12,80 [D]

In 2017, Catholics and Lutherans will jointly look back on events of the Reformation 500 years ago. At the same time, they will also reflect on 50 years of official ecumenical dialogue on the worldwide level. During this time, the communion they share anew has continued to grow. This encourages Lutherans and Catholics to celebrate together the common witness to the Gospel of Jesus Christ, who is the center of their common faith. Yet, amidst this celebration, they will also have reason to experience the suffering caused by the division of the Church, and to look self-critically at themselves, not only throughout history, but also through today's realities. »From Conflict to Communion« develops a basis for an ecumenical commemoration that stands in contrast to earlier centenaries. The Lutheran-Roman Catholic Commission on Unity invites all Christians to study its report both open-mindedly and critically, and to walk along the path towards the full, visible unity of the Church.

EVANGELISCHE VERLAGSANSTALT
Leipzig   www.eva-leipzig.de

Tel +49 (0) 341/ 7 11 41 -16   vertrieb@eva-leipzig.de

Wolfgang Beinert | Ulrich Kühn
Ökumenische Dogmatik

880 Seiten | Hardcover | 15,5 x 23 cm
ISBN 978-3-374-03076-7
EUR 78,00 [D]

Zwei Theologen mit jahrzehntelanger ökumenischer Erfahrung legen als Summe ihrer Arbeit eine Darstellung des christlichen Glaubens vor. Ihre Fragestellung lautet: Wie weit, wie tief, wie umfassend können evangelische und katholische Christen heute gemeinsam ihren Glauben bekennen? Grundlage ihrer Arbeit ist die Überzeugung, dass die theologische Disziplin Dogmatik im Dienste dessen steht, was Aufgabe aller Glaubenden ist: Gott loben. Gottes-Lehre (dogma) mündet in Gottes-Lob (doxa). Die großen Themengebiete der Dogmatik werden je von einem Autor vorgelegt, nachdem der Text vom Coautor gegengelesen wurde. Nur zur »Lehre von der Kirche« schreiben beide.
Die »Ökumenische Dogmatik« verkündet nicht das Ende der Trennung, aber sie macht es erheblich schwieriger, diese immer noch zu begründen.

EVANGELISCHE VERLAGSANSTALT
Leipzig   www.eva-leipzig.de

Tel +49 (0) 341/ 7 11 41 -16   vertrieb@eva-leipzig.de